2023年文化和旅游宏观决策课题成果汇编

中国旅游研究院（文化和旅游部数据中心） 编

中国旅游出版社

责任编辑： 刘志龙
责任印制： 闫立中
封面设计： 中文天地

图书在版编目（CIP）数据

2023年文化和旅游宏观决策课题成果汇编 / 中国旅游研究院（文化和旅游部数据中心）编. -- 北京 : 中国旅游出版社, 2024.6

ISBN 978-7-5032-7310-0

Ⅰ. ①2… Ⅱ. ①中… Ⅲ. ①文化发展－宏观决策－研究报告－中国－2023 ②旅游业发展－宏观决策－研究报告－中国－2023 Ⅳ. ①G120 ②F592.3

中国国家版本馆CIP数据核字(2024)第074957号

书　　名：2023年文化和旅游宏观决策课题成果汇编

作　　者：中国旅游研究院（文化和旅游部数据中心）
出版发行：中国旅游出版社
（北京静安东里6号　邮编：100028）
http://www.cttp.net.cn　E-mail:cttp@mct.gov.cn
营销中心电话：010-57377103，010-57377106
读者服务部电话：010-57377107
排　　版：北京旅教文化传播有限公司
经　　销：全国各地新华书店
印　　刷：三河市灵山芝兰印刷有限公司
版　　次：2024年6月第1版　2024年6月第1次印刷
开　　本：787毫米 × 1092毫米　1/16
印　　张：12.25
字　　数：197千
定　　价：56.00元
ISBN　978-7-5032-7310-0

编写说明

经文化和旅游部批准，原国家旅游局科研立项课题调整为文化和旅游宏观决策课题，由中国旅游研究院（文化和旅游部数据中心）组织实施，旨在调动全国各方面研究力量服务文化和旅游宏观决策。

文化和旅游宏观决策课题分为重点课题和一般课题两类。2023 年课题指南包括 42 条选题，其中，重点课题选题 15 条，一般课题选题 27 条。2023 年文化和旅游宏观决策课题共 30 项课题立项，其中，重点课题 11 项，一般课题 19 项。

本成果汇编收录了 2023 年立项并通过结项鉴定的 27 项课题研究报告摘要。

目　录

2023 年文化和旅游宏观决策课题——重点课题

2023 年文化和旅游宏观决策课题——一般课题

2023年文化和旅游宏观决策课题

——重点课题

科技赋能背景下文旅深度融合动力机制、模式和路径研究

负 责 人：姚国荣
依托单位：安徽师范大学
起止时间：（2023 年 4—10 月）

一、研究目的和意义

首先，文旅融合有利于传统文化的继承与发展，增强国家文化自信。以旅彰文就是要借助旅游这种文化方式和消费形式，来强化传统文化的保护和传承。

其次，文旅融合有利于解决文化事业内生增长动力不足的问题。坚持以旅彰文，用旅游带动文化传播、推动文化繁荣，发挥旅游覆盖面广、游客参与度高等优势，推动中华优秀传统文化“活起来”、革命文化和红色基因传下去、社会主义先进文化弘扬开，为文化和旅游发展提供新引擎。

再次，文旅融合促进旅游产业的转型升级。文旅融合将促进旅游业与文创、服务设计的融合，提升文化内涵贯穿旅游发展的整个过程，在保证旅游产业高质量发展的同时，也促进旅游产业的转型升级，使旅游产业更具有生命力和竞争力。

最后，文旅融合有利于促进乡村振兴。乡村文化融入乡村田地、屋舍，可以提升乡村资源的价值，提高乡村文化可视度，增强乡村间的差异性，促进乡村特色化发展。文旅融合为乡村旅游实现转型升级、贫困地区实现脱贫提供了巨大的可能。

二、主要内容、重要观点、对策建议

（一）安徽省科技与文旅融合发展现状：以安徽为例

随着科技的发展，人们对于科技旅游的需求越来越高，科技是旅游业发展的第一生产力，旅游产业转变发展方式、提高发展质量、提升发展效益，走内涵式和可持续发展道路，关键就是要在提高科学技术含量的同时注入文化活力。安徽作为科技大省，在“科技+旅游”上的发展一直都在持续。以黄山景区为例，通过科技手段在旅游景区管理发展中的应用已逐渐呈现渗透性增强趋势，通过“科技+旅游”的应用创新，采用多模互动、“云”端与多种跨平台互动等技术，优化面向旅游领域的拟人化语音合成、个性化语音识别等，为黄山游客提供了“所说即所得”的搜索、定位服务，提升了来黄山游客的出行体验。除此之外还专门成立了“安徽省旅游信息化工程技术研究中心”及“安徽省旅游智库安徽旅游研究院协同创新中心”，通过对安徽旅游发展的重大战略、重大决策进行前期的调查、研究、评议与论证，为安徽“智慧旅游”发展提供决策咨询与政策建议。

借助互联网、3D、VR等技术，推动安徽博物院、安徽省图书馆等推出数字展厅、网上图书馆等，让群众可随时观展、阅览。开发“足不出户纵览景区”项目和跨越时空限制的VR旅行产品，进一步完善了景区的全流程智能辅助式游览服务。在此基础上安徽省还在积极推进互联网、大数据、云计算、人工智能、区块链等高新技术与旅游产业融合发展，推动传统旅游产业内容生产、传播方式、表现手段等方面的创新，促进传统旅游产业转型升级，培育基于新技术的新型旅游业态，发展在线旅游、智慧酒店、智慧景区、智能出行、新型装备等新兴产业和商业模式。一方面，利用现代科技深度开发旅游资源，提升旅游业核心竞争力。尤其是利用科学技术手段对优秀的传统文化进行数字化资源开发，加深游客对传统文化的感知与理解，增强游客的文化体验。特别是利用VR、AR等人工智能技术对现今不完整的旅游景点进行科技复原；对于自然风景旅游资源，在实景基础上叠加VR等人工智能技术来提升游客感官体验，通过不断利用科技创新提升旅游品质，改善旅游体验，提高游客的满足感、幸福感。另一方面，通过“文化+旅游+科技”融合发展，利用“科技+”重构科技旅游展陈方式、开发多层次科技体验项目、打造独具特色的科技旅游产品，满足广大科技爱好者对“科技体验”的需求。

（二）文化旅游融合发展存在的问题：以安徽省为例

1. 文旅强省建设亟须完善顶层设计

从外部动力和内生动力相结合的角度来看，安徽省的文化旅游融合存在一些明显的不足之处，主要是对市场主体多元化投入的政策引导不够。需要进一步把景区的旅游开发、市场管理、品牌建设、创新创业等纳入地方政府视野，由政府主导，做好旅游规划与市场监督，引导乡村旅游基地与文化旅游基地同步建设和优化经营，探索出一条具备独特文化底蕴的融合发展之路。在以文化市场综合行政执法为手段推进文化和旅游市场监管融合中尚未实现“1+1>2”的融合效应。

2. 文旅空间存在较大的不均衡性，协同发展困难

安徽省文化旅游资源呈现皖南地区文化旅游相对丰富、皖中与皖北地区相对薄弱的特点。在文化方面，全省共有国家级博物馆 44 个，其中皖南 16 个，皖中 17 个，皖北 11 个。世界非物质文化遗产 3 项，皆位于皖南，分别是宣纸制作技艺、徽州木结构营造技艺和程大位珠算；国家历史文化名城 5 座，有 2 座位于皖南。在旅游资源方面，皖南旅游资源最为丰富、皖中次之，皖北最为薄弱。除此之外，旅游景区、星级饭店、旅行社、旅游企业等多方面均表现出安徽省旅游资源空间分布的不均衡性。

3. 与市场实际需求存在偏差，产业结构不优

安徽省地方文旅产业结构单一，转型升级难度高，无法形成“特色聚集—人流聚集—消费聚集—产业升级—特色创新—再聚集”循环式上升发展结构。纵观全省文化类旅游的发展情况，主要还是以观光类产品为主，缺乏体现安徽省特色传统文化的产品，识别度不高。安徽省文化旅游商品开发程度相对较低，由于开发力度不足，致使旅游产品单一，专门进行旅游商品生产的企业还不具备，产供销一体化的产业链没有形成，一定规模和有地方特色的旅游商贸街区也未形成。反观杭州，文化创意旅游发展迅猛，已经形成了一系列特色都市旅游产品体系，宋城主题公园和“宋城千古情”主题演出、国家湿地公园景观和文化创意产业交融的西溪创意产业园等，都彰显着独特的地域文化魅力。近年来安徽省引进了多家大型企业集团投资建设优质文旅项目，但主要集中在黄山市和芜湖市，合肥市的文化创意旅游项目仍以中小企业为主体，资源分散，开发层次较低，文旅资源的效益无法最大化。

4. 生态综合治理有待提高，环保水平存在省内差异

“十三五”时期，安徽省全面实施大气、水、土壤污染防治三大行动计划，全面打响蓝天、碧水、净土三大保卫战，大气、水、土壤污染防治全面加强，生态环境质量

大幅改善。进入新时代，人民群众对干净的水、清新的空气、安全的食品、优美的环境等的要求越来越高。《中华人民共和国国民经济和社会发展第十四个五年规划和 2035 年远景目标纲要》中提出，要提升生态系统质量和稳定性，持续改善环境质量。生态安全是旅游可持续发展的重要组成部分，建立高质量旅游服务评价体系，有利于整体提高人与自然协同发展水平。

5. 文化资源有待深入开发，文旅产业缺乏创新

安徽省文旅 IP 的打造不成系统，IP 应包含一系列的衍生产品供游客消费体验，但很多景区在整体规划时缺乏系统性，旅游商品的设计和景区缺乏联系，使得游客在体验上缺乏深度了解。以安徽省岳西县文旅融合开发现状为例可以看出，旅游资源整合力度不够，景点分散，娱乐项目不丰富。现有的娱乐项目内容单调、设施简陋、场所分散，而且规模档次较低，缺乏大型娱乐项目，对游客的吸引力不强。有很多景点未被开发出来，其旅游景点少而且十分分散；险要的地方设施简陋，难以保障游客的安全；开发能力不足，与周边景点关联度欠缺，文旅开发整体意识较弱，缺乏统一性的规划和整体性的考量。

6. 数字化水平差异较大，缺乏复合型专业型人才

安徽文旅资源众多，拥有 A 级旅游景区 600 多家，如黄山、九华山、天堂寨、皖南古村落等著名景点开发较为成熟，数字化水平较高。而省内平原、山区较多，地理位置和经济基础差异较大，导致景区开发难度大，数字化水平较低。大部分景区能够实现门票预订、住宿、交通等配套服务信息手机端完成，但部分景区在游览和人流量监控、限流等方面存在缺失，信息化水平有待提高。数字化水平的差异会导致游客省内游体验感存在落差，给旅游业持续发展带来阻力。

（三）文旅融合的创新发展路径建议：以安徽为例

1. 政府科学规划，全社会协同运营

从政策作用于文旅融合的机制角度来说，可以分为产业激励机制、消费引导机制以及技术创新机制。产业激励机制是指政府运用利导性措施为文旅融合产业主体提供激励，如税收优惠、财政补贴、公共服务、市场制度等。消费引导机制是指通过刺激文旅消费的政策，激发文旅消费者的消费潜力，为满足消费者的需求引导文旅产业纵深融合，同时也是引领供给侧改革的有效途径。技术创新机制是通过科技创新和应用，为游客提供全新、多样化、优质服务和产品，同时为文旅融合产业发展提供优势。

2. 坚定以文促旅，提升旅游品质

文化需求是旅游活动的重要动因，文化资源是旅游发展的核心资源，文化创意是提升旅游产品质量的重要途径，文化的生产、传播和消费与旅游活动密切相关。文化旅游是依托各地特色文化资源而发展起来的旅游，作为一个跨行业的朝阳产业，在社会经济发展中起着至关重要的作用。通过探索乡村文化尤其是其中的非物质文化遗产与旅游、生态的融合，依托当地文化资源打造特色文旅品牌，激活生态资源和旅游要素，如古村落特色村寨的打造、特色农产品的生产加工体验、特色美食品鉴、民俗节庆展示、宗族祠堂名人古居的打造等，既可以实现优秀传统文化的保护与开发相结合，又可以带动当地社会效益与经济效益的共同发展，助力乡村振兴战略的实施。

3. 坚定绿色发展理念，走可持续发展道路

党的二十大提出了“坚持绿水青山就是金山银山的理念”“推动绿色发展，促进人与自然和谐共生”“中国式现代化是人与自然和谐共生的现代化”“坚持以文塑旅、以旅彰文，推进文化和旅游深度融合发展”等重要思想。“两山”理论被国际社会高度认可，以“两山”理论为指导的生态文明建设“中国做法”“中国方案”“中国经验”，得到国际社会的广泛借鉴。“两山”理论对于美丽世界建设、人类命运共同体建设、全球生态经济协调发展等具有十分重要的指导意义。

4. 应用数字技术，推进智慧文旅融合纵深发展

随着科技的不断进步，我国正在从“互联网 +”时代转向“智能化 +”时代。走马观花式的旅游已成过去式，越来越多的游客开始追求高品质的休闲游，对旅游目的地的要求正逐步提升。创意是旅游的生命力，科技是旅游的生产力，大力发展科技有助于安徽文化旅游产业转型升级。在数字经济蓬勃发展的背景之下，文旅产业也应当顺应时代潮流积极采取措施，奋力开启智慧文旅的新时代。

三、学术价值、应用价值及社会影响和效益

课题负责人牵头组织撰写的研究报告“文旅融合现状、问题与路径研究：以安徽省为例”一份。杨兴柱教授在《地理学报》发表“乡村旅游地利益主体多功能空间认知的冲突与协调机制”、陆林教授在《世界地理研究》《旅游导刊》发表“中国传统村落分布特征与成因机制研究”“新时代乡村旅游高质量发展战略路径”、姚国荣教授发表“基于数据挖掘的大学生网络游戏心理健康影响因素研究”。在较短的期限内，完成上述成果，实属不易。

基于数智动漫对博物馆旅游需求与业态创新的研究

负 责 人：周宗凯
依托单位：四川美术学院
起止时间：（2023 年 4—10 月）

一、研究的目的和意义

数智动漫是建基于数字动漫技术之上，顺应“数智化”转型的背景，跨界融合“科技 + 智能 + 艺术”，应运而生符合新时代的艺术形式。其概念不再局限在我们传统对与动漫的理解，它不仅涵盖传统意义上的动画片、电影、漫画，也包括任何数字化的形象与画面建构。本研究报告从数智动漫技术应用出发：一是分析中国旅游消费新需求下，博物馆旅游业态发展的新路径；二是以 GM-TCD 博物馆新模式视角，以数智动漫集约化技术系统为基础，提出创建文化生产全要素生态群构想，带动博物馆旅游业态创新驱动转型。

博物馆作为旅游业的重要资源，在传统旅游业态中是以文化资源驱动，无法满足日益剧增的多元需求。博物馆旅游业态面临着发展的新机遇与新挑战。数智动漫是以数智科技跨界融合动漫艺术为前提，建构动漫集约化技术系统，它能融合当下先进科学新集成技术，利用多维技术应用塑造虚实共生动漫体验新场景；打造以动漫视效为载体的数智文保；推出数智动漫 IP 形象等等。从宏观角度而言，它能推动新一轮科技革命和产业变革深入发展，推动旅游业从资源驱动向创新驱动转变；探寻古动物等文物、文化资源数字活化的可持续发展路径，形成多元协作保护传承新格局，引领地区经济协同发展；打造“大博物馆旅游综合体开发”（GM-TCD）新模式，实现文物活化领域的全要素生产率提升的“新基建”模式建构。

二、主要内容、重要观点、对策建议

本课题在数字软件收集、分析后，得出中国的主流博物馆仍然停留在传统模式之中，而没有迎合时代的数字化转型。然而，博物馆的数字化又是当下博物馆受众群体的硬性需求。

针对博物馆旅游的上述现状，数智动漫迎得介入博物馆旅游业态创新的机遇。数智动漫能为博物馆旅游业态创新带来新路径、新表现、新业态、新范式。新路径指数智动漫对博物馆文旅创新再造与创新应用，研究博物馆文旅资源创新再造现状与应用现状，并提出开创性的可持续发展路径。传统文旅资源通过数智复原活化，形成 IP，结合互联网技术优势，能够给予博物馆文旅业态发展新路径。新表现指博物馆数智化文旅智造与消费新趋势，数智技术的不断迭代升级，推动文旅产业的更新迭代，打造出具有国际特色的博物馆数智化文旅。新业态指创新博物馆文旅业态驱动转型与产业融合发展，以创新理论为基础寻求资源认识方式的创新，重点着力于博物馆文旅资源软价值的解构，发掘其隐形的、潜藏的、后台的、关联的价值要素。新范式指以集群融合、技术融合、交叉融合的数智动漫创新应用工程系统，形成多圈层的双创课程体系，覆盖文化核心元素的动漫、游戏、演艺、游乐项目开发等博物馆旅游全产业链创新实践。

数智动漫在博物馆旅游业态上的应用分为四个方面：数智动漫文旅应用主体、数智动漫文旅技术池、数智动漫文旅应用对象、数智动漫文旅应用场景。数智动漫文旅应用主体指按照文旅行业生态链条，数智动漫赋能文旅主体包括文化资源供给端、数智技术企业和消费端。数智动漫的技术池可根据具体应用环节的不同归为四类，分别为数据采集与复原类技术池、数据标注与关联类技术池、数据整合与创作类技术池和数字化体验与交易类技术池。博物馆数智动漫化的对象主要包含可移动文旅资源（包括历史上各时代重要实物、艺术品、文献、手稿、图书资料、代表性实物等）、不可移动文旅资源（包括古动物、古文化遗址、墓葬、古建筑、石窟寺、石刻、壁画、近现代重要史迹和代表性建筑等）和非物质文化遗产。数智动漫的应用场景主要包括博物馆新型展陈体验、博物馆资源内容挖掘、博物馆智慧管理和博物馆资源资源活化利用四类场景。

博物馆数智化有着不可逆的时代推动力，它能让人们能看见、听见、触摸到传统文化，带来“感知即交互”的沉浸式体验，让传统文化不再仅仅是陈列在展柜里的历史遗产，而是“活”起来、“动”起来的文化生命。因此，研究报告中，以元宇宙为例，列举了诸博物馆在数智化的应用项目。

从数智动漫赋能的具体路径而言，“数智动漫”的概念不再局限在我们传统对动漫的理解，它不仅涵盖传统意义上的动画片、电影、漫画，也包括任何数字化的形象与画面建构。可以说，数智动漫是数字形象与数字画面的技术更迭，它迎合着当下中国科技创新发展趋势。它是以5G、Al、XR为代表的新媒介3.0技术浪潮和人工智能AIGC为技术支撑。5G+Al+XR技术对博物馆藏品、空间等文化资源的数字重现，让文博IP“活”起来，并通过“博物馆+”与其他产业的跨界联动，探索博物馆文化资源的开放与共享，打造“数字+文创”的IP生态圈，满足文化消费多样化、个性化需求的同时，借助IP影响力不断扩大传统文化的“破圈效应”和经济价值。AIGC技术是数智动漫当下主流，在未来博物馆旅游业态中也将大有可为。它不但大幅度缩短3D、XR、VR等技术的时间成本，而且将带来更甚一筹的逼真视效。因此，在数智动漫技术的加持下，本研究报告列举了部分可实现的数智动漫赋能博物馆业态创新的实践路径：3D可视化、虚拟现实、数智交互、数智动漫文创、数智展陈、数智动漫形象。目前已有博物馆将这些技术应用到具体项目之中，并且达到了非常好的效果。

由于本研究团队一直关注恐龙化石资源的活化再利用，因此本研究报告对自贡恐龙博物馆旅游群与云阳恐龙博物馆进行了具体调研并分析，给出了具体的可落地的对策建议：（1）创作动漫形象，打造动漫文化吸引力。自贡恐龙博物馆主打亲子游，那么对于低龄群体而言，最大的吸引力莫过于动漫形象。因此我们可以围绕自贡恐龙资源，依托合适的剧本，打造属于自贡地区的独特的动漫文化形象。具体方式是通过当下主流的数智技术，创作优秀的动画、漫画以及电影，以此将自贡恐龙文化资源推广到全国乃至国际。另外我们可以通过数智动漫打造出的动漫形象，围绕特定文化主题，提供多种产品；进行公共产品与私人商品组合开发。①围绕特定文化主题，提供多种产品混合形态。通过数智动漫技术，打造以知名动漫形象为衍生的多元文化衍生品，让GM-TCD旅游产品呈现明显的“主题化混合性”，将研究、教育、休闲、娱乐、体验、观光、购物等多种产品混合在同一个区域中，形成一种“泛博物馆休闲旅游”。②围绕独特的IP动漫形象，开发公共产品与私人商品组合。GM-TCD模式的产生和发展，从某种程度上创新了博物馆文化旅游资源的高效利用方式。如果博物馆在公共资源的保护和利用中，只强调单一的参观、游览，或者只靠政府投资来开发产品和服务，会出现博物馆旅游产品质量低下、资金运作不佳、资源利用效率不高等问题。如果通过吸引企业或其他投资者的进入，在 GM-TCD 地区开发旅游吸引物的同时，适度开发博物馆式的休闲地产、博物馆式的酒店等私人产品，既使博物馆这一公共资源得以深度利用，同时又对博物馆形成一定的规制和运作，促使博物馆旅游资源利用效率性提高。GM-TCD 模式凭借博物馆文化资源、环境、设施的外部性进行私有的休闲地产、休闲度假酒店等的开发，实现公共资源的价值增益，而且私人产品的业主可以通过博物馆文化衍生物这些外部性的关注，来保障博物馆公共机构的管理开发，这种内部之间的制衡机制，为 GM-TCD 地区的可持续发展提供了保障和动力。（2）打造馆内互动体验。自贡恐龙博物馆馆内几无互动型产品，对于观展群体而言，体验较为单一，不具有吸引力，因此可以借用数智动漫技术打造数智人讲解员、XR 互动等内容。我们可以以与恐龙的互动体验作为博物馆的独特 IP 进行宣传。（3）加强数智技术支撑，优化产品视效。自贡恐龙博物馆新馆打造了虚拟数字展厅，但其视觉效果相对较弱，分辨率较低，建模较为粗糙，并没有让人眼前一亮的体验，也没有让人再次体验的想法。当下数智技术迅速发展，我们应该利用新技术，创造出高品质的视效。

针对自贡恐龙博物馆现状提出以下建议:（1）可在重庆市区打造数智恐龙博物馆旅游区。利用重庆的地理优势打造出集研究、教育、休闲、娱乐、体验、观光、购物等多种产品混合的“泛博物馆休闲旅游区”，而云阳县恐龙博物馆则可偏向于研学。（2）大力打造线上数智展陈。基于数智动漫 Al+XR 技术，将恐龙化石资源进行数字复刻，让更多的藏品以数字化方式走入公众视野。（3）建立云阳恐龙资源数据库，为研究团队提供更为便捷的研究路径。（4）云阳已公布的动漫 IP 形象仍然属于传统动漫创作的产物，且受众偏向于低龄儿童，与当下主流的数智动漫技术恐脱节，因此仍需借助当下主流的数智技术，创作出大众喜好的动画视效以及受众年龄群体更为广泛的电影或动画。

三、学术价值、应用价值及社会影响和效益

本研究报告的学术价值在于，本文的学术思想受社会学与数字人文的影响，试图将研究对象放置在社会学分析模型中再加以数字人文分析方法加以佐证，以跨学科的研究思路摆脱了单一学科方法的局限性；在资料的创新上，本课题研究团队主持过多项有关古动物复原或文物活化的国家级项目，长时间持续的田野考察，使本团队能获得真实的、最新的证据与发现。获得的新材料，在经过合适方法论的分析后，最后总结得出博物馆旅游业态具体的创新路径。

在课题实际应用上，以数智动漫技术为基础，打造GM-TCD新模式的博物馆旅游业态，将其与城市文化和旅游、游乐项目融合运用，将相关成果结合城市地块价值运作，打造相关主题公益文化、科普文化平台（公园），集聚人地，提动周边人气与消费，激活周边地块价值，带动地区经济发展，提高地区旅游承载能力，创新或完善发展所在地区的旅游业态链条。

低碳旅游发展机制与模式研究

负 责 人：黄丽超
依托单位：贵州民族大学
起止时间：(2023 年 4—10 月)

一、研究目的和意义

本课题基于碳足迹理论视角，旨在厘清旅游活动生命周期涉及各旅游业组成部分的“源汇”关系，设置不同碳排放模式的旅游发展情景组合并预测其“碳达峰”拐点，揭示低碳旅游发展的主体边界、内在机制和实现路径。同时，构建旅游业碳排放核算体系，算好旅游碳账，以此为基础探索“低（零）碳旅游、低（零）碳旅游目的地”等低碳模式旅游场景的科学逻辑和发展方式，形成“技术成果”与“推广应用”的桥梁。

二、主要内容、重要观点、对策建议

（一）主要内容

课题围绕低碳旅游发展机制及其模式展开，立足“低碳旅游发展机制”提出如下科学假设：传统构建的碳排放因子理论体系与绿色高质量发展带来的能源结构清洁化绿色化的现实不符；碳达峰“拐点”的出现时间对旅游发展情景具有依赖效应。围绕核心问题，将研究内容分为以下几个部分。

（1）以旅游活动周期碳足迹理论视角构建旅游“源汇”体系，为下一步旅游碳排放核算体系的构建奠定基础。基于碳足迹理论视角，厘清旅游活动生命周期涉及各旅游市场组分的“源汇”关系，建立以旅游碳排放因子、能源消费现状结构为主的基础数据体系。

（2）构建以“源汇”为基础的旅游碳排放测算体系，厘清旅游业内部碳排放结构、强度，为针对性制定降碳措施提供科学依据。基于建立的碳排放因子数据库，依据自下而上的碳排放量测算方法，以住宿、餐饮、交通、娱乐和游览活动等旅游节点所涉及的市场主体基础构建行业碳排放测算体系。

（3）将碳排放影响因素分解为基础的“碳达峰”拐点，以“碳达峰拐点出现时间与旅游发展情景”之间关系的视角探讨低碳旅游发展机制，可为旅游业有的放矢地制定旅游“碳达峰”行动方案提供理论基础。依据构建碳排放预测模型，设置BAU（Business as Usual Scenario，BAU）、LC（Low Carbon Scenario，LC）和ELC（Enhanced Low Carbon Scenerio，ELC）三种有区别的情景模式，对2025年、2030年和2035年旅游业碳排放量进行预测，观察“碳达峰”拐点呈现时间与设置情景的动态关系，探索旅游低碳发展的机制。

（4）提出以“碳排放”为依据的低碳旅游发展模式与旅游减排对策，搭建低碳旅游“技术成果”与降碳措施“推广应用”的桥梁。基于上述三部分的研究基础，围绕党的二十大中推动绿色发展，分步骤实施碳达峰行动的顶层设计，探索和总结以“碳排放”为依据的低碳旅游发展模式与旅游减排对策，形成《低碳旅游推动绿色发展研究报告》，搭建低碳旅游“技术成果”与降碳措施“推广应用”的桥梁。

（二）重要观点

（1）以旅游活动周期碳足迹理论为基础构建了旅游“源汇”体系，为下一步旅游碳排放核算体系的构建奠定基础。以“居住场所—出游门户—入游门户—目的地—入游门户—出游门户—居住场所”作为碳排放的各节点及其碳排放边界，整个旅游活动可分解为7个节点，在此基础上构建了旅游碳排核算边界及“源汇”模型，明确了旅游活动碳排放核算范围，包括旅游交通碳排放、旅游住宿碳排放、旅游餐饮碳排放和旅游活动碳排放等。

（2）研究结果表明，旅游业不仅是碳排放大户，更是具有巨大降碳潜力的行业，是我国2030年“碳达峰”目标如期实现的重要支点。基于我国实施绿色高质量发展主题下的能源使用结构和效率变迁背景，提出了“能源结构与使用效率变化会引起旅游碳排放因子发生相应改变并最终影响行业整体的碳排放”这一科学假设。课题围绕科学假设，从以下几个方面开展了实证研究并取得了成果：第一，提出了碳排放因子修正指数和其计算方法，结果显示：碳排放因子重构后的旅游交通、旅游住宿、旅游餐饮和游览娱乐等行业的碳排放因子比基期水平明显下降，以旅游交通为例，公路、铁路、水运和航空分别下降了21.23g、4.32g、17g、63.2gCO_2/pkm。这意味着，单位游客在旅游过程中搭乘公路、铁路、水运和航空运输工具每公里可相应减少21.23g、4.32g、17g、63.2gCO_2的排放。第二，以国发〔2022〕2号文件定位的“生态文明建设先行区”——贵州省作为实证研究对象，对贵州2015年至2019年的旅游交通碳排放展开测算，结果发现，碳排放因子修订前后贵州2015年至2019年旅游交通碳排放量依次为386.4万吨和324.5万吨、450.2万吨和378.1万吨、535.9万吨和450.2万吨、615.8万吨和516.3万吨、708.3万吨和595.5万吨；碳排放因子修订后2015年至2019年旅游交通实现碳减排量分别为61.82万吨、72.03万吨、85.75万吨、98.53万吨和113.33万吨。

（3）通过实证研究分别验证了旅游业发展的三种情景，研究认为，LC发展模式是旅游业践行“守住生态和发展两条底线”的现实诠释，即旅游业通过加强技术进步、改善能源结构、转变旅游消费方式和游客出行方式等措施推进旅游业绿色发展，是在不限制旅游发展规模的同时提前实现旅游碳达峰目标的最佳发展方式。同时，研究结果识别了ELC发展模式存在的问题，为旅游业未来陷入极端“生态中心主义”误区提供警示，同时也为旅游业进一步认清未来绿色低碳发展形势提供科学依据。基于情景分析法、Kaya模型以及LMDI因素分解模型，构建了旅游业碳排放情景预测分析的框架以及基本运算方法，同时根据诸大建等对于中国未来经济发展模式的选择，设置了BAU、LC和ELC三种情景模式，并对三种情景模式下影响旅游业碳排放的各项因子进行了定性描述界定，即旅游业维持现有的发展模式（BAU）、通过加强技术进步、改善能源结构、转变旅游消费方式和游客出行方式的LC模式（LC）和旅游业通过严格限制景区环境容量、开展旅游碳税等方式控制旅游业的碳排放的ELC模式（ELC）。依据旅游业2025年、2030年和2035年碳排放的测算结果，对旅游碳达峰拐点展开分析，研究结果表明：① BAU模式下，旅游业维持现有的发展方式，将在2030年前后实现碳排放达峰，基本实现我国旅游碳达峰目标愿景；② LC模式下，如果旅游业通过加强技术进步、改善能源结构、转变旅游消费方式和游客出行方式等措施推进旅游业绿色发展，倡导旅游者自觉的绿色旅游行为，可以在保证不限制旅游发展规模的同时提前实现旅游碳达峰目标，即实现旅游“守住生态和发展两条底线”的科学发展；③ ELC模式下，旅游业通过设置严格的行业环境容量、开展旅游碳税等方式控制旅游业的碳排放，是一种只追求生态效应却忽视了经济效应的极端“生态中心主义”模式，不利于旅游业的可持续发展。

（三）对策建议

以研究结果为依据，提出以下旅游业绿色低碳发展的对策建议。

1. 旅游低碳化发展的碳减排对策

（1）制定一个行动方案和路线图，明确旅游业低碳发展的战略目标。

立足于我国“双碳”目标，做好旅游业落实双碳目标的顶层设计，制定旅游业实现“双碳”目标的行动方案、路线图。第一，对标世界旅游组织提出的旅游业低碳发展“测量、减碳、再生、合作、融资”五大环节，有针对性地制定中国旅游业的实施路线、框架和步骤。第二，分解任务目标，细化各行业、各地方的旅游业碳中和路线图，形成完整的旅游业碳达峰碳中和行动方案。

（2）建设价值共创环境，推动旅游的经济价值和生态价值的共创共享共生。

参照本项目中设置的“LC”发展情景研究结果，以“生态和发展”两条底线为准绳，发挥政府主导作用，打造平等、友好的低碳旅游价值共创环境，推动行业的绿色高质量发展。第一，通过标准推动、立法引领、制度保障、文化塑造、技术支撑等规范和推动作用，驱动旅游业各主体参与低碳发展实践，是旅游绿色高质量发展价值共创的前提；第二，政府主动积极作为，尽快厘清旅游业碳排放的水平和结构，制定符合行业特点的碳排放标准，建设旅游绿色高质量发展的价值共创共享共生的法治环境；第三，数字经济时代，政府应充分利用互联网等信息技术手段开展意见征询、政策修订、产品定制等信息沟通交流、传播低碳文化；第四，推动关键节点的技术创新赋能旅游绿色高质量发展价值共创。

（3）做好一批试点，创建标志性低碳旅游发展样板。

实现旅游业碳中和需要引导旅游业各主体实现低碳、零碳化发展。第一，重点打造建设一批（零）碳旅游示范区，将低（零）碳发展理念和高新技术融入示范区的规划、建设、管理、运营等各项环节，鼓励有条件的5A级旅游景区、旅游小镇等率先示范，打造（零）碳旅游示范地样本；第二，努力引导具备基础条件的旅游城市进行低碳转型，通过推进能源的高效化、清洁化利用、旅游企业碳交易计划等措施推进低（零）碳城市的示范样本建设。

2. 旅游绿色低碳发展模式

（1）以自然资源碳汇为引力的低（零）碳旅游景区模式。旅游吸引物所依托自然资源，如森林、草原、江河、湿地、海洋、高山等多样的资源类型是旅游碳封存碳捕获的重要路径。低（零）碳旅游景区建设中需要关注在规划过程中对旅游碳汇资源的保护，同时注重已开发运营景区的自然资源碳汇监测，带动低（零）碳旅游景区建设。

（2）政府主导的低（零）碳旅游城市建设模式。碳达峰碳中和的各项目标推进离不开政府主导作用。城市是一个国家发展的核心，是我国形成绿色生产生活方式的基础，是践行旅游绿色高质量发展使命的载体。未来城市发展的过程中，低（零）碳旅游城市建设不仅可以为城市发展带来更好的环境效应，更可以为城市的品牌建设赋能，深圳、北京、广州、上海等城市在政府的规划引领下率先开展低（零）碳建设的尝试，开辟了我国低（零）碳旅游城市建设的道路。

三、学术价值、应用价值及社会影响和效益

（1）课题基于不同旅游发展时期能源结构效率与旅游业主体碳排放因子关系的逻辑探讨，提出“碳排放因子依赖”是旅游低碳发展重要机制的科学假设。研究成果从理论上回应绿色发展背景下旅游产业低碳发展的重点、难点和贡献机制。

（2）课题在国发〔2022〕2 号文件定位的国家“生态文明建设先行区”开展低碳旅游实证研究，以碳排放因子修正为切入视角，探索贵州旅游交通碳排放的现状及减排潜力，为先行区依托旅游低碳发展推动生态文明建设提供科学依据。研究成果《低碳旅游助力绿色转型发展》在《贵州日报》（理论版）发表，得到了新浪、网易新闻的全文转载。

（3）课题将“双碳”背景的旅游减排对策作为旅游绿色发展研究的落脚点，“‘守住生态和发展’两条底线的旅游低碳化发展情景、碳达峰拐点时间呈现与旅游发展场景的关系”等研究成果，为旅游业有的放矢地制定旅游“碳达峰”行动方案提供数据基础。同时本课题的研究成果可为政府相关管理部门、研究机构、行业协会、相关企业等提供启发与参考，或直接运用于相关具体实践，推动行业绿色高质量发展。

文旅融合视角下的文物建筑活化利用路径研究

负 责 人：戴林琳
依托单位：北京大学
起止时间：（2023 年 4—10 月）

一、研究目的和意义

（一）研究目的

构建文物建筑活化利用的类型谱系，开展文物建筑活化利用绩效评价，提出全流程一体化的活化利用实施路径与政策建议，以激活文物建筑的文化价值和社会价值，丰富城乡文化空间供给，实现文物本体的高水平保护、建筑空间的高效能利用、文旅产品的高质量运营。

（二）研究意义

文物建筑作为文化遗产的重要组成，是文化强国战略落实的重要物质载体。文物建筑富集区往往也是公众旅游、文化体验的首选之地，与城市经济发展与公众文化生活密切相关。文物建筑活化利用是响应国家战略的重要举措，也是提升城市活力的重要途径。保护好利用好文物已成为各级党委、政府和社会共识，各地纷纷开展对文物建筑活化利用的实践探索，但总体来看，文物建筑活化利用仍处于探索阶段，存在保护管理难度大、地方政府投入不足、日常维护保养不到位等文物本体保护的困境，以及活化利用方式有限、同质化现象显著、设计水平参差不齐、社会主体参与度不够等活化利用现实问题，亟须开展相关方法体系和模式路径的系统研究，以及对多部门协作的制度设计与创新。

二、主要内容、重要观点、对策建议

（一）国际文物建筑保护利用经验与我国现实问题

国际文物建筑保护利用经验主要包括：①依托建筑本体与建成环境进行整体保护；②通过层级传导和配套法律建立保护体系；③强化活化利用和功能更新提高保护效率；④鼓励公众参与和自觉行动提升政策效力。

我国文物建筑保护利用现实问题主要包括：①保护利用观念待更新；②经费与人才保障不足；③建设性破坏现象频发；④保护利用技术待提高。

（二）我国文物建筑保护利用政策演进

本课题系统梳理了 1990—2023 年我国文物建筑保护利用政策，分级分类构建了两大主类、八大亚类的政策谱系，运用文本分析法、借助 Python、ROSTCM、Rost Content Mining 等计算工具，解析政策文本数量、主体、效力、内容等方面的演进特征并研判其发展趋势。

自 1990 年始，我国文物建筑保护利用政策数量呈现螺旋式增长，呈现四阶段特征：①政策起步期（1990—1999 年），从宏观层面建立了文物保护总体框架，为后续单体文物建筑政策制定提供了上位政策基础和顶层设计；②过渡探索期（2000—2007 年），国家政策中正式提出“历史建筑”概念，拓宽了我国建筑单体遗产保护范畴；③快速发展期（2008—2016 年），文物建筑相关保护政策进入高峰，对建筑保护的规定有所调整，提出经过批准即可进行外部修缮、添加设施，为后续历史建筑的活化利用留下了一定余地；④成熟完善期（2017 年—），文物建筑专门的政策数量井喷，体现了保护与利用并重的价值转变。

文物建筑保护利用政策的制定总体呈现从国家到地方逐级传导的特征。文物建筑亚类政策以国家级为主，与文物建筑相关的其他政策亚类，诸如历史建筑、文保单位、历史文化名城名镇名村、文物保护条例亚类等，则以省市级为主。

文物建筑保护利用政策的主体逐步从单一的文物部门走向多元化的部门联合，并由此形成具有一定规模与层次的政策主体网络。2014 年之前，政策发布以单主体为主。2014 年之后，开始出现多部门联合发文，随后呈现显著的网络化态势，具有较高的集中度，多以住建部和文物局为核心，以地方政府为次核心。

文物建筑保护利用政策集合可分为两大位阶：高效力位阶和低效力位阶政策。政策效力位阶提升，其顶层设计呈现循序渐进、不断学习演化和进步完善的特征。其中，低效力位阶政策相对而言增长趋势更为显著。文物建筑保护利用政策的政策数量结构呈"倒金字塔"形，条例作为高效力位阶政策是"倒金字塔"的顶部，通知、意见等作为低效力位阶政策构成"倒金字塔"的底部。

政策内容的词频分析结果显示，文物建筑保护利用政策内容主要存在三个特征：一是持续注重保护，活化利用比例较低，政策文本中的高频词主要以保护为主；二是关注历史价值与文化底蕴的传承，对其他价值关注较少，政策文本内容中的历史文化高频词较多；三是强调组织保障和支持，政策文本频繁出现多方主体。共词网络分析结果显示，政策观念呈现了从保护到利用的转变，但从政策条目的具体内容来看，多为方向性、概念性的策略描述，表述较为笼统，内容不聚焦，尚未涉及活化利用的实质性内容。

（三）文物建筑活化利用的类型谱系及案例库建构

文物建筑可按照地理区位分为城市建筑、乡村建筑两类；按照保护等级分为全国重点文物保护单位、省级文物保护单位、市级文物保护单位、县级文物保护单位、尚未核定公布为文物保护单位的不可移动文物、其他历史建筑六类；按照建筑规模分为单体建筑、建筑群两类；按照原始功能分为宗教信仰类、殿堂类、祭祀类、园林类、民居类、工程类、标志类、生产经营类、文化科教类和其他类十类。

文物建筑活化利用可按照使用功能分为本体保护类、文化展示类、商业办公类、社区服务类、宗教活动类、复合功能类、非开放类七类。各类对应的活化利用原则为：①本体保护类，确保安全和完整性，开展文化教育活动；②文化展示类，满足公众观展需求，注重展示特有价值；③商业办公类，平衡保护开发关系，提供文创产业载体；④社区服务类，关注居民文化需求，完善运营管理机制；⑤宗教活动类，尊重宗教信仰需求，加强维护场所秩序；⑥复合功能类，多元业态融合发展，多方主体统筹合作；⑦非开放类，加强文物保护意识，鼓励面向公众开放。

基于现场调研及调查问卷，建立了涵盖六大文物建筑活化利用类型（除非开放类）、对应十大文物建筑原始功能的典型案例库。收录全国25个省数据共计100条，对各个文物建筑的地理位置、保护级别、建筑规模、建筑体量或占地面积、修建年代、运营主体、利用类型、历史功能、保护情况、利用情况以及经营效益共计11个项目归类整理和基础统计。其中，全国重点文物保护单位 90 个，省级文物（重点）保护单位 7 个，市级文物（重点）保护单位 3 个；建筑单体 31 座，建筑群 69 座。

对案例库的样本分析显示：①文物建筑现阶段利用类型对原始功能的继承呈现两类；②不同类型的文物建筑经营效益构成相仿，大部分文物建筑依然以门票收入为主，商业收入包括餐饮收益、日用品零售收益以及文创收益三大板块，并呈现出显著的个体差异；③文物建筑的保护和修缮工作存在一定的滞后性，并与其经营效益高度相关。

（四）文物建筑活化利用绩效评价

选取了北京、上海、广州、遵义、呼和浩特、拉萨等 40 个历史文化名城作为样本城市；结合文物建筑活化利用的六大类型，从携程网和大众点评网的榜单人工筛选出点评数量领先的文物建筑作为样本，每类文物建筑选取样点约 30 个，评价信息约 1500 条，汇总得到评价信息 8032 条，评论字数超过 70 万字，抓取的评论主要集中在 2018—2023 年，通过文本分析测度使用者对文物建筑活化利用的绩效评价。

总体评价结果显示：①大部分文物建筑的星级评分超过 4 分，其中高于 4.5 分的占据样本总体的 70%，属于高度满意。平均分低于 4 分的 3 处文物建筑分别是张氏祠堂后院、小西街历史建筑和朱家台门，均作为社区书屋发挥服务功能。②正面的评论数据占比为 68.26%，情绪值的均值为 13.33，意味着人们对文物建筑活化利用主要表现出积极态度。③使用者对文物建筑活化利用的评价要素目前集中在历史文化、地方特色、环境、景色、景点、门票、免费、时间、方便、讲解、性价比等方面。

比较不同人群对文物建筑活化利用情况的评价结果显示：①不同性别以及不同空间来源的使用者总体评分存在显著区别。其中，女性评分低于男性，本地使用者评分低于外地使用者。②男性和女性点评者对文物建筑评价的关注要素中，建筑、历史文化均占有很大比重，但女性点评者相较于男性更注重环境场所的构建，在情感偏好的表达上也更为直接。③本地人的评价多集中于公园和寺庙等类别，主要着眼于文物建筑的环境、景色以及门票等消费成本。而外地人的评价更集中在园林和博物馆等类别，更关注讲解、中心等要素。

比较人们对不同活化利用类型文物建筑的评价结果显示，不同类型的文物建筑在使用者评价和满意度方面存在显著差异：①复合利用类的平均打分最高，为 4.749 分；其后依次是本体保护类、宗教活动类、商业办公类和文化展示类；社区服务类的平均打分最低，为 4.466 分。②在复合利用类文物建筑的评价网络中，使用者与文物建筑的情感连接受到建筑和外在环境的共同影响。在建筑本体的参观保护类文物建筑的评价网络中，除了将建筑作为主要关注点以外，语义网络围绕两类词汇形成两大模块。一是聚焦“园林”“景色”“艺术”等要素，形成游憩功能视角下的评价模块；二是聚焦“历史”“保护”等要素，形成纪念功能视角下的评价模块。对宗教活动类的关注要素集中在寺庙、佛教、历史、寺院等，此外还增加了顺利、平安、健康等祈愿性质的词汇。在商业办公类的文保建筑语义网络中，除了上海、建筑、外滩等要素，还包括银行、酒店、邮政等词汇。文化展示类的语义网络与上述建筑本体的参观游览类的语义网络具有一定的共性，即除了建筑与历史外，“文化”“文物”“保护”均作为节点而存在于两者的网络结构中，而差异性体现在文化展示类的语义网络更强调“导游”和“讲解”的重要性。在社区服务类文物建筑的评价网络中，关注点主要聚焦在对环境氛围的打造上，关注要素主要包括“图书馆”“环境”“文化”“社区”“食堂”“评弹”“安静”等。其中，社区书屋是最常见的社区服务类利用形式之一，但同时也是不同使用者矛盾集中发生的场所。③六类文物建筑中，人们普遍关注历史文化传承、消费成本和环境质量。使用者对于不同类型的文物建筑有不同的需求和期望，满意度受到用途的匹配程度影响。

（五）文物建筑活化利用实施路径与政策建议

采用“多维度、多元化”的文化赋能方式。①挖掘多维度的文化内容阐释，包括文物建筑的本体特征和历史文化内涵，文物建筑的时空背景和保护维修沿革，文物建筑的发展演变过程和阶段特征，文物建筑有关的重要事件和代表人物；②探索多元化的文化展现形式，包括举办互动体验活动，开展科普研学教育，打造文化创意产品，丰富文化展示方式。

建立“政府主导、专家把关、社会参与”的三元合作机制。①政府主导，抓好横向协作和纵向传导；②专家把关，做好前后评估、决策咨询和学术创新；③社会参与，鼓励社会组织共同缔造，引导市场力量投资运营。

实施“运作、管理、监控”的全流程路径。①市场运作全流程，策划、设计、投资、建造、运营一体化运作；②政府管理全流程，摸清文物建筑现状，开展利用前评估，实施项目审批与许可，进行动态监管与执法；③数据监控全流程，建立行业监督管理系统、数字孪生建筑系统，并实现二者的交叉融合。

完善上下融合的文物部门政策体系。①坚持以人为本满足时代需求，强化活化利用导向；②国家完善高效力位阶的政策，制定标准开展试点；③地方因地制宜细化条文内容，出台行动计划细则；④加强文旅部门内外横向联合，健全规范程序管理；

⑤对接各级国土空间规划体系，完善空间设施保障。

探索广泛参与的社会力量激励机制。①引导企业个人投资建设文物建筑活化利用项目；②助力文保单位与文化创意从业者开展充分合作；③鼓励公众和非营利组织开展各类社会公益活动；④加强科研机构和专家学者的知识技术合作支持；⑤完善主体合作体制机制，降低社会力量进入成本。

打造应用多维的文物建筑数字平台。①强化数字化保护与管理功能；②集成数字化展示与推广功能；③打造数字化参与与共享功能。

促进更高质量的专业人才队伍建设。①加强文物保护利用人才队伍建设；②夯实政产教融合的人才培育根基。③开展文理工交叉多学科实践教学。

三、学术价值、应用价值及社会影响和效益

（1）建立了文物建筑活化利用的类型谱系，构建了涵盖活化利用类型和原始功能类型的典型文物建筑案例库，为文物遗产相关研究提供了基本的类型分析框架与基础的数据支持。

（2）解析了我国近 30 年的文物建筑保护利用政策演进特征和发展趋势，为从制定方式、主体、结构、内容等方面完善文物建筑保护利用政策提供了基础支撑。

（3）测度了使用者对文物建筑活化利用绩效的评价，识别了不同使用者以及使用者对不同活化利用类型文物建筑的评价特征差异，从需求方角度为后续各类文物建筑活化利用方式的优化提供了研究基础。

（4）从文化赋能方式、多主体合作机制、全流程路径等角度提出了文物建筑活化利用实施路径，并提出了政策体系构建、社会力量参与、数字平台打造、人才队伍建设等政策建议，为实现文化建筑的高水平保护、建筑空间的高效能利用、文旅产品的高质量运营提供了有益的借鉴。

国际旅游发展助力中国故事传播力影响力提升研究

负 责 人：汪让
依托单位：华中科技大学
起止时间：（2023 年 4—10 月）

一、研究目的和意义

国际旅游作为对外讲好中国故事的创新路径和有力工具，已成为旅游学、公共关系学、国际传播学等领域重点关注的新命题，与中国故事的传播推广是相辅相成、良性循环的关系。然而，中国故事的国际旅游传播实践正面临着“没人听、讲不好、误解大、渠道少”的现实问题，本课题从文旅融合、跨境旅游和国际传播出发，提出以中国故事为主体，以中外国际旅游者为对象、以叙事理论（Storytelling）贯穿全过程的旅游传播新理念和新对策。其意义在于建立体现中国特色和文旅融合理念的中国故事国际旅游传播理论，促成国际旅游发展和中国故事传播间的良性循环，在提升我国旅游业全球竞争力的同时向世界讲述中国故事，传播中华文明。

二、主要内容、重要观点、对策建议

（一）主要内容和重要观点

中国故事是关于中国人民、中国事件、中国物质、中国场域和中国情境的泛叙事话语，包括传统中国的文化故事、现代中国的发展故事和全球中国的开放故事（陈先红、宋发枝，2020）。本课题以叙事理论为宏观视角，首次提出国际旅游发展与中国故事传播的双向促进模型，从“请进来”（入境游）和“走出去”（出境游）两个方面，将国际旅游中的中国故事影响力细分为吸引力、感染力、共情力和生命力四个维度，划定营销叙事、体验叙事、组织叙事和人际叙事四条实现路径，囊括旅游前、旅游中、旅游后三大阶段和游客、从业者、目的地民众三大群体，构建国际旅游发展和中国故事传播的双向促进机制。

1. 营销叙事：国际旅游中的中国故事吸引力研究

传播“真实、立体、全面”的中国故事的最佳地点无疑是中国境内，这要求我们首先把国外游客“请进来”。本部分以 12 个来华入境游重要客源国的旅行者和 7 个中东北非“一带一路”沿线国家的旅行者为抓手，选取 100 个其发布在 YouTube 平台上的高浏览量、高赞、高评论数的中国旅游视频，抓取其下 40112 条观众评论，综合运用大数据主题建模、情感分析和质化分析，对最受国外观众欢迎的故事元素和叙事特点进行了发掘，并考察了这些视频的营销叙事效果。主要发现涉及叙事主题、叙事策略和叙事效果三个方面。

叙事主题的主要发现有三点：①关于古今中国文化故事，最受欢迎的叙事主题为“在他乡寻访渊源共鸣，唯美食与爱超越国界”。②关于现代中国发展故事，最受欢迎的叙事主题为“用科技创造美好生活，赞基建设施叹为观止”。③关于全球中国开放故事，最受欢迎的叙事主题为“感游览便捷人民友好，兴商务劳务汇聚财富”。

叙事策略的主要发现有四点：①比起客观展现景观和场景的官方旅游宣传片，“强感官”“个性化”的博主自制“云旅游故事”更受观众欢迎。②论营销吸引力，美食第一、购物第二、游览第三。③游戏娱乐元素广受好评，观众喜欢在轻松幽默的氛围中了解中国。④巧用中外对比 / 类比，可增强国外民众对中国故事的理解。

叙事效果的主要发现有八点：①“第一印象”，中国旅游故事帮助海外观众第一次认识中国，对中国产生兴趣。②“因为有你”，博主个人魅力强力助燃中国旅游，高效推动中国故事传播。③“世界一家”，中国旅游故事帮助海外观众思考中外异同之处，增进相互理解，降低前往中国旅游的心理障碍。④“昨日重现”，中国旅游故事让曾经到访中国的海外游客重拾回忆，加深情感倾向，萌发再次游览的冲动。⑤“互帮互助”，中国旅游故事引发观众积极为游客提供旅行建议，同时也为中国提供接待建议。⑥“眼见为实”，中国旅游故事尤其有利于绕开西方舆论垄断，让海外观众了解真实的中国，消除西方媒体对中国的异化。⑦“中国很棒”，中国旅游故事可有效提升海外观众对中国的好感度，推广中国旅游。相比海外媒体把控的新闻报道类传播，海外博主讲述的中国旅游故事更能带来积极正面的传播效果。⑧"糟糕体验"，负面评论主要源于曾在中国旅游时的负面体验。

2. 体验叙事：国际旅游中的中国故事感染力研究

本部分关注入境游对中国故事国际传播的促进作用，从体验叙事入手，分析如何优化景区文旅融合体验的"在场"叙事感染力，增加国外游客对中国故事的感知度、认同度和口碑传播意愿，变国外游客为中国故事的二次传播中介。通过深访9位有过中国旅游经历的外国游客，本部分从四个方面进行了探索。

首先，关于外国游客对中国故事以及中国的了解程度，主要发现有四点：①外国游客对中国故事以及中国的整体了解程度偏低。与古代中国的历史故事相比，外国游客对现代中国知之甚少。②外国游客了解的中国故事类型以历史人物、历史事件和文学作品为主。③到中国之前，影视作品、书籍、游戏、社交媒体和学校是外国游客了解中国故事的主要渠道。④来华前对中国和中国故事的印象极大程度上影响了外国游客的旅游决策和旅游体验。

其次，关于中国故事体验叙事的作用和效果，主要发现有四点：①认知层面，良好的中国故事体验叙事帮助了外国游客了解中国的文化习俗、历史发展、图腾符号等，以及中国人民的秉性和价值观。②兴趣层面，良好的中国故事体验叙事激发了外国游客对中国故事的进一步兴趣，他们均表示希望能有机会了解更多的中国故事。③感官层面，良好的中国故事体验叙事给外国游客提供了沉浸式体验，激发了游客的想象力，有助于建立起游客和中国的情感连接。④口碑传播意愿层面，良好的中国故事体验叙事增强了外国游客向他人分享自身体验和推荐他人来中国旅游的意愿。

再次，关于景点在中国故事体验叙事上存在的问题，主要发现有五点：①景区接待国外游客的设施和能力不足，如只提供中文标志和服务，未考虑中外游客间的文化差异等。②景区缺乏讲故事意识，游客体验到的故事元素较少。③故事呈现形式较为单调，理解门槛高，互动式、沉浸式体验尤为不足。④故事内容设计有欠缺，如类型单一、缺乏细节和情节、与景点不匹配等。⑤导游服务良莠不齐，灵活性欠佳。

最后，关于针对外国游客的中国故事体验叙事注意事项，主要发现有七点：①打磨"前体验"叙事，为来华旅游的"在场体验"叙事做好铺垫。②强化故事内核，体现全人类共同价值观。③塑造超级英雄，突出传奇人物。④重视故事情节和丰满度，细微之处见真章。⑤丰富呈现方式，降低理解门槛。⑥巧用技术手段，打造沉浸式体验。⑦强化景点社交货币属性，调动游客主动传播。

3. 组织叙事：国际旅游中的中国故事共情力研究

在“请进来”的同时，“走出去”——中国公民出境游也是讲述中国故事的有效渠道。讲好中国故事，有利于实现目的地国家对中国游客和中国旅游企业的跨文化理解。本部分关注中国故事国际传播对出境游的促进作用，通过分析二手资料和深访6位出境游旅行社资深员工，探究旅行社这一本该促成跨文化共情的排头兵和中间人，为何没能发挥理想效用。

研究发现，关于组织叙事的发起者，即旅行社，主要问题有五点：①缺乏传播中国文化、塑造中国形象的责任感和使命感，未制定指导方针，未调动员工积极性，仅依靠部分员工的个人觉悟。②缺乏文旅融合、文化交流意识，在旅游路线设计上强调大众观光景点，缺乏与当地人、当地文化密切接触的环节。③缺乏融入目的地国家、维系友好合作关系、达成文化共情的意识。④企业规章制度以约束惩罚性目的为主，在跨文化交流和处理文化冲突方面缺乏指导性文件。⑤缺乏听取当地机构和民众的意见反馈或投诉申诉的机制渠道，难以及时修正问题，不利于达成文化共情。

关于组织叙事的执行者，即雇员，主要问题有五点：①导游和领队的准入门槛低，对导游证考取、语言沟通能力、知识储备等方面要求低。②对导游和领队的培训力度小，形式单一，缺乏规划和体系，侧重点存在偏差。如重入门轻进修、重生意轻能力、跨文化合作培训和跨文化素养教育几近空白等。③缺乏对计调、操作等跨文化沟通责任人的切实指导。④欠缺针对外国员工的跨文化沟通培训，“强迫”其适应中国思维，既未能尊重中外文化差异，也未能对其传播中国文化。⑤忽视企业文化建设，员工没有促成文化共情的积极性。

关于组织叙事的跟随者，即游客，主要问题有三点：①对游客的文化适应性培训不够深入，手段单一，游客易因文化差异引发矛盾冲突。②未能引导游客关注文化等软性内容，游客更关注行程、酒店、航班等“硬件”。③一线人员缺乏对游客言行的有效约束手段。

最后，关于组织叙事的影响者，即外部环境，主要问题有四点：①媒体报道失实，影响了游客对旅行社员工和目的地国家的判断，信任危机严重。②行业内部恶性竞争，缺乏良性发展的生态环境，无力承担文化传播责任。③政府支持力度小，各地文旅部门、旅游协会未能开展指导性的、有实质帮助的活动。④受政治历史国家关系等影响，部分境外人士存在排华、歧视、宰客心态。

4. 人际叙事：国际旅游中的中国故事生命力研究

旅游是民间文化交流的重要渠道，在出境游场景中，我国游客的言谈举止都在向目的地国家民众讲述中国故事，而这首先对游客的跨文化旅游素养提出了要求。本部分关注出境游对中国故事国际传播的推动作用，以6个中国游客出境游主要目的地国家和8个中东北非“一带一路”沿线国家为抓手，选取了72个Bilibili平台上介绍这些国家的高浏览量、高赞、高评论数的旅游视频，抓取其下39616条观众评论，综合运用大数据主题建模和质化分析，探索了“云出境游”对我国观众跨文化旅游素养的提升作用。主要发现分为跨文化沟通内容现状和跨文化旅游素养提升效果两个方面。

关于跨文化沟通内容现状的主要发现有两点：①“云出境游”视频以景点介绍和旅游安排为主，约一半视频涉及跨文化沟通内容。②跨文化沟通内容浅尝辄止，深度有待加强。现“云出境游”视频更多涉及文化解读和文化比较，对文化纠误、文化反思、文化包容、与当地人交流和跨文化元意识的着墨很少。

关于跨文化旅游素养提升效果的主要发现有五点：①“云出境游”视频可增进中国观众对他国风土人情、文化观念的了解，有助于跨文化适应。②“云出境游”视频有助于纠正中国观众长期存在的某些刻板印象，正确认识目的地国。③比起理解他国文化或加强跨文化沟通，中国观众更关注中国人在他国的待遇，评论区往往展开激烈讨论。④“云出境游”视频帮助中国观众拓宽视野，从不同的角度重新审视中国。⑤“云出境游”视频可在一定程度上帮助中国观众建立跨文化旅游预期，但观众应具备批判思维能力。总之，“云出境游”视频可视为提高跨文化旅游素养的一种辅助手段，但跨文化旅游素养还需通过实际跨文化交往来进一步培养和发展。

（二）对策建议

本部分集中提出了一系列策略建议，适用主体包括中央政府、地方政府、旅游企业、旅游景区、旅游行业协会等。

关于旅游营销推广，主要对策建议有八条：①文旅深度融合，打造故事IP，优质作品出海，塑造“前体验”叙事。②美食故事总揽全局，城市IP百花齐放。区分营销诉求层次性，提升中国旅游针对性。③吃住行游购娱之外，“以人为本”另辟蹊径。④按国别定制营销物料，巧纳受众国家文化元素，吸引注意的同时提升好感。⑤中国故事不必一本正经，娱乐化传播更具时代气息。⑥广邀海外博主拍摄中国旅游视频，加强中国故事可信度和感染力。⑦梯级化设立留学生“中国行基金”，组织留学生开展社会实践活动，鼓励留学生记录并发布自己的所见所闻。⑧重视社交媒体营销——裂变传播制造话题，关系维系提振重游。

关于旅游体验设计，主要对策建议有十条：①扫清语言障碍，注重背景说明，降低理解门槛。②规避拼盘式组合，规划主题游路线，考虑中外游客兴趣差异。③挑选拳头IP，突出传奇人物，上升价值高度，提高传播效率。④设置叙事焦点，打造多重交互，善用非语言符号。⑤拒绝说明式思维，提供多感官体验。⑥发展科技应用，保留传统通道。⑦建设双语讲解员队伍，加强对外国游客的“点对点”接待能力。⑧进入家庭场景，体验家的“味道”。⑨开发节庆旅游、乡村旅游、研学旅游、商务旅游等特色产品，拓展客群。⑩细化管理，将“国际化水平”纳入A级景区创建标准、文明旅游示范单位评定标准等国家标准中，指导和督促各主体提高接待外国游客的能力。

关于旅游组织管理，主要对策建议有十四条，前五条面向各级政府，同时适用于出境游和入境游：①由文旅部门设置激励机制，引导出入境游旅行社有意识地在线路开发、对外合作等方面传播中国文化、塑造国家形象。②各级文旅部门做好信息公开和信息澄清，及时消除民众误解。③尽快恢复出入境游规模，在航班、签证、补贴、退税等方面加大支持力度，尤其是文化传播重点地区和重点行业。④培养人才，在旅游职业学校和高校旅游学院加入跨文化旅游教育课程，开展相关技能竞赛。⑤加强导游队伍建设，提高准入门槛、落实监督管理、保障合法权益、吸引优秀人才、提供职业培训。第六到八条面向旅游行业协会：⑥行业共建，减少恶性竞争，落实自律公约，营造良好的发展环境。⑦寻求支持，加强与国内外媒体、国内外文旅部门和驻外使领馆等相关方的联络。⑧健全针对游客的培训机制，落实旅行社、领队、导游三方责任。最后六条面向出境游旅行社：⑨推行产品升级，邀请文化专家加盟环节设计，按跨文化体验深度对路线分级，优化组团方式。⑩对外建设品牌，赢得游客和合作商信任；对内发展企业文化，提升员工责任感使命感，调动员工积极性。⑪完善企业内部制度建设和人员架构，切实指导跨文化沟通和冲突解决。⑫改革员工培养体系，做到长期化、系统化、全面化。⑬雇佣当地员工，加强在地联结，畅通投诉和反馈渠道，维护当地社区关系。⑭开展内容运营，在营销旅游产品的同时向国内游客普及跨文化旅游知识和目的地文化。

关于旅游素养教育，主要对策建议有五条：①价值引领，倡导出境游不仅是观光，更是文化交流和中国故事传播。②方式革新，开展多种素养教育活动。③资源建设，引导旅游网站、影音平台、社交媒体平台等商业主体开发优质内容。④内容监管，营造积极健康的交流氛围。⑤树立榜样，表彰旅游行业和游客中对传播中国故事贡献突出的个人。

三、学术价值、应用价值、社会影响和社会效益

本课题开展了学科交叉研究，建立了体现中国特色和文旅融合理念的中国故事国际旅游叙事传播理论，进一步拓展了叙事理论的理论边界和应用情境，丰富了旅游营销、旅游体验和旅游管理的研究范式。课题从旅游营销、旅游体验、旅游管理和旅游素养等方面，提供了促成国际旅游发展和中国故事传播间良性循环的具体对策，有助于在提升我国旅游业全球竞争力的同时向世界讲述中国故事，传播中华文明。

减税降费政策对文旅企业纾困发展的效果评估与路径优化研究

负 责 人：臧建文
依托单位：河北金融学院
起止时间：（2023 年 4—10 月）

一、研究目的和意义

党的二十大报告指出：“增强消费对经济发展的基础性作用。”文化旅游是促进经济发展、增加就业、致富增收和满足人民日益增长美好生活需要及精神文化需求的重要途径与有效手段，在大力发展经济、恢复消费市场活力的大背景下，文旅行业的持续复苏，至关重要。

（一）研究目的

文旅企业的持续复苏，不仅是文旅产业供给侧结构性改革的基本意涵，而且是扩大文旅消费内需战略实施的关键支撑。近年来中央政府及地方各级政府持续实施的一系列减税降费政策，对文旅企业纾困解难具有重大价值和现实意义。从既有文献及已立项同类项目来看，税费过度征收对文旅投资及创新、居民收入及旅游消费的负面影响，还鲜有关注；税费优惠举措在促进文旅企业高效经营方面的传导机制，也尚不明确；近年来减税降费政策对文旅行业市场主体获得感调查，也鲜有开展。

减税降费政策是推进旅游消费市场企稳回升、打造现代文旅产业的重要举措。那么，减税降费政策对文旅企业纾困发展影响的具体效果究竟如何？这一持续性优惠措施的作用机制是什么？针对税费惠企举措执行过程所存在的突出问题，又应怎样进行制度优化？这是本课题围绕的系列问题。

（二）研究意义

课题组梳理近年来的系列减税降费政策，考虑当前文旅企业经营依然面临较大困难，基于交易成本理论视角，观察税费政策对文旅企业纾困发展的作用机制，测算不同区域、规模、性质的文旅企业税费负担的变化情况，并评估减税降费政策对文旅企业经营发展的具体影响效果，为政策优化提供借鉴与参考，以促进文旅产业高质量发展。

二、主要内容、重要观点、对策建议

（一）主要内容

1. 减税降费理论机制分析

（1）交易成本界定。依据交易成本理论，探讨文旅企业税费支出作为制度性交易成本。系统分析制度性交易成本降低与减轻文旅企业税费成本间的内在传导机制，验证减税降费政策对缓解文旅企业经营困难的影响效果。

（2）减税降费对文旅企业投资及文旅消费的影响，借鉴交易成本理论，加入制度性成本因素——税费成本对文旅资本投资影响，挖掘并论证，税费优惠举措起着拉动文旅资本投资回报率的既定效果。

2. 减税降费对文旅企业纾困发展的影响

（1）利用国家统计局数据，整理近年来有关旅游市场、餐饮行业、住宿行业以及文化产业企业的运行情况，具体说是：第一，利用城镇及农村居民旅游出行、消费等数据分析，以反映整体复苏情况；第二，利用与旅游行业密切相关的餐饮及住宿企业毛利率、资产负债率、资产回报率、资产就业贡献率等数据分析，以反映旅游行业生存发展状况；第三，利用规模以上文化企业资产负债率、资产回报率、毛利率、税利率以及资产就业率等数据分析，观察文化产业企业近年来的生产经营状况。

（2）利用 2018—2022 年文旅上市公司陆续公开年报，课题组搜集“资产负债表”“利润表”“现金流量表”里“应付职工薪酬”“支付的各项税费”“收到的各项税费”“社保费”“支付给职工及为职工支付的现金”等指标，测算近年来税费支持政策对文旅上市公司的作用效果。

（3）采用田野访谈式问卷调查方法，课题组在对不同省市以传统工艺企业为代表的文化制造业企业走访过程中，邀请企业家、财务负责人及职工代表，了解企业税负、工资的变动情况，汇集近五年文旅企业用工数量、营业收入、利润、税费支出以及税负轻重变化的主观感受，评估税费征收及系列税费支持政策对文旅企业用工成本、职工获得感及生产经营绩效的具体影响。

3. 税费政策现存问题及其成因

（1）税费率偏高导致文旅企业整体负担偏重：参考世行营商环境报告“总税率”指标，本课题对比各国文旅行业适用的税费比例及其支出占利润比重，得出了我国财税制度在国际竞争中处于相对劣势的结论，文旅行业的企业税费负担亟待降低，以持续刺激国内文旅消费市场，拉动经济增长。

（2）社保费征管调整或加重文旅企业用工成本：本课题跟进文旅企业制度性用工成本中的税费负担变化，观测社保基数与社保费率调整对文旅企业税费负担的负面影响，发现社保费征管加强不利于就业与民生稳定。

（3）退税可持续性或加重文旅企业现金流负担：本课题探究地方在留抵退税政策执行的可持续性，分析其对文旅企业现金流与投资回报率的切实影响，发现增值税留抵退税政策实施会导致财政收支平衡压力加大。

（4）研发费用加计扣除政策并未有效覆盖文旅企业：当前，研发费用加计扣除政策在适用范围、统计口径及加计扣除比例三方面，不利于文旅企业在产品及服务方面持续创新与高质量发展。

4. 支持文旅企业高质量发展的政策优化

（1）拟定降低文旅企业税费率的可行方案，兼顾地方财政收支安全稳健运行。

（2）推动社保费改税，加强社保征收强制性与公平性，提升文旅企业社保合规性。

（3）强化增值税留抵退税可持续性，在保障文旅企业抵扣权基础上，保持现金流稳定。

（4）改进研发费用加计扣除政策的适用范围，提高扣除比例，增强文旅企业内生创新能力。

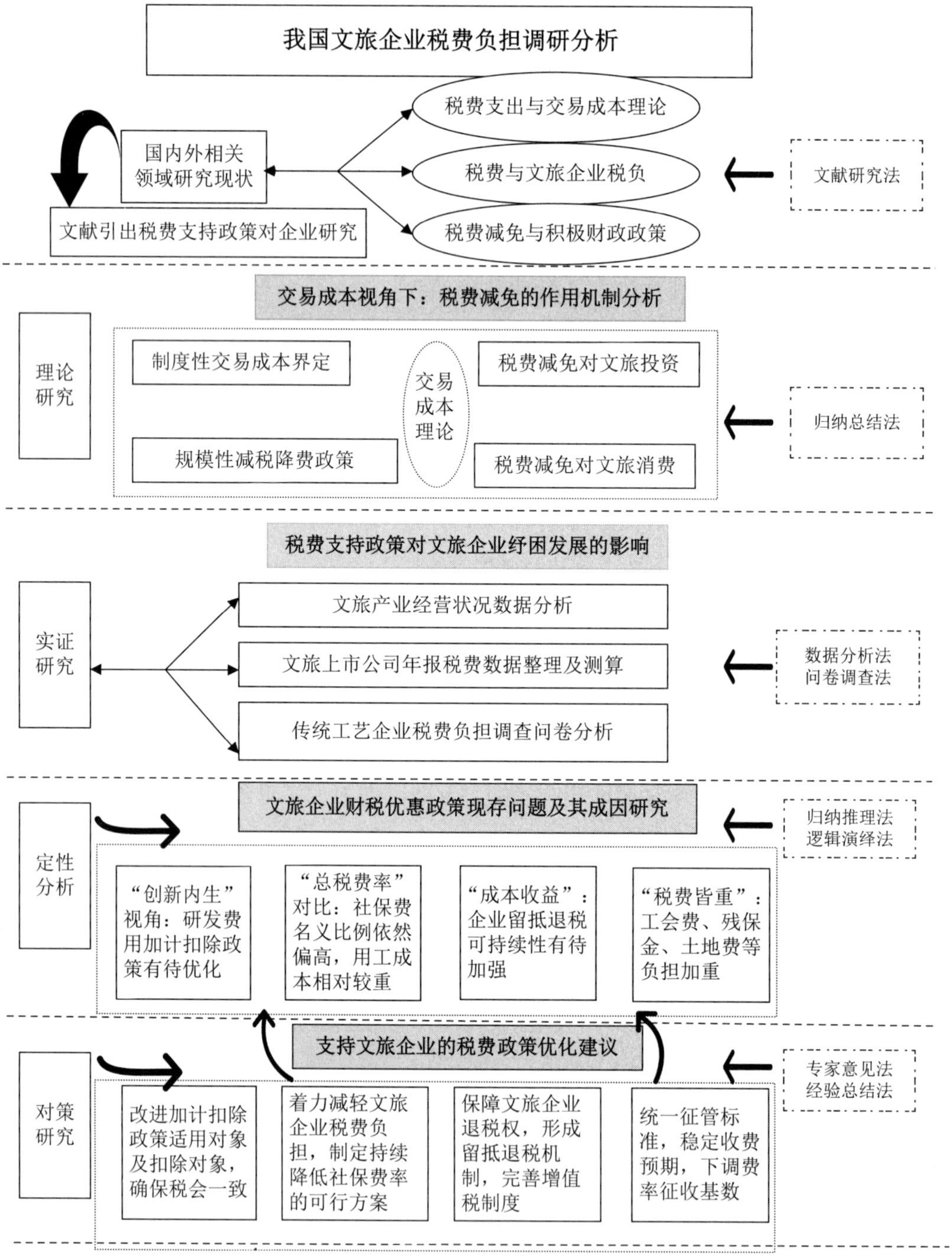

（二）重要观点

文旅企业的税费负担直接影响文旅产业的高质量发展。围绕减税降费政策对文旅企业纾困发展与生产经营的影响效应，课题组提出以下观点：

（1）通过文献梳理与理论推演，相对科学多维度地构建了文旅产业生产经营状况的评价指标体系及减税降费政策的传导机制，并尝试提出轻税机制建立对文旅产业及其企业在投资、生产经营及消费等方面的促进作用。

（2）针对旅游、餐饮、住宿及文化产业等行业及企业运营情况分析，结合国家统计局相关数据，从整体上评估了近年来文旅产业生产经营的实际效益，并发现文旅产业私营与国有控股等不同性质企业在投资回报率、资产负债率、毛利率、税利率以及单位资产吸纳就业量等方面指标的差异，便于文旅企业的精准施策。

（3）重点分析文旅产业上市公司年报数据，对 2018—2023 年上半年四个典型的文旅产业代表性公司的资产负债率、毛利率、资产回报率以及制度性用工成本、税费总体支出、税利率变动进行了分析，并对文旅产业上市公司的生产经营状况做出了相对客观的评价。

（4）立足传统工艺行业企业的税费负担问题开展问卷调查及数据分析，观察了减税降费政策举措在落地过程中的文旅行业企业主体感受与获得感，由此解析了我国文旅产业发展的现存问题及深层次成因。

（5）尝试提出继续优化文旅行业的减税降费政策，包括整体层面以及增值税、五险一金、非税收入、税收征管、过度管制等方面的对策建议，提出通过促进文旅产业高质量发展来提振市场消费内需的对策建议。

（三）对策建议

减税降费是助企纾困解难最公平、最直接、最有效的政策举措。近年来我国经济发展面临需求收缩、供给冲击、预期转弱三重压力，党中央、国务院部署实施新的组合式税费支持政策，这对稳定市场预期、提振市场信心、助力企业纾困发展具有重要意义。课题组针对调研文旅企业所反映的实况以及国内中小文旅企业生产经营中以税负刚性为代表的突出问题，评估新的组合式税费支持政策的实施效果，总结系列税费优惠政策执行过程中所出现的问题，并尝试提出政策优化建议。

1. 在推进税制整体改革方面

（1）坚持税收改革“整体减负”和“结构调整”，协调当前阶段文旅产业“创新”驱动与“就业与增收”保障之间的关系，在鼓励和支持文旅创新与高质量发展的同时，还应针对文化制造业企业普遍资产负债率上升、资产回报率下滑的情况，在财税、金融、土地、劳动力政策等方面进行综合扶持，建议尤其考虑“结合就业解决系数减免税收、降低土地使用成本和进行就业创业补贴”的综合支持做法，将“失业再就业补贴”提前补贴给文旅企业。

（2）着眼长远，税制改革需进行整体性的研究文化制造业企业税负较高的深层次原因，这是“流转税为主”的税制问题，还应尽快研究“简化税种、将间接税为主的税制向直接税为主的税制转换”的方案，才能真正做到从根本上“减轻文旅企业税负”和恢复税收“自动稳定器”作用的目标，推进轻税机制的建设。简化税种，并不是简单地去掉某个税种，而是要结合文旅企业增值的各环节进行综合考虑，避免如“一个环节多次征税”等问题，并切实推进文旅企业经营环节减轻税负。如此，才能做到“财力总体平衡、税制结构调整顺畅”。

2. 在文旅企业税负典型问题方面

（1）增值税方面

1）适当放宽文旅企业增值税留抵退税政策享受条件。建议将纳税人信用等级A级或B级调整为A级、B级或M级，从而将新办文旅企业涵盖在增值税留抵退税政策范围中。特别对于新成立的文旅产业子公司，在实行责任连带制基础上，可享受留抵退税优惠政策。

2）增值税进项抵扣项目适度扩围。有必要尝试将文旅产业的企业贷款利息及相关费用作为增值税进项税额，进一步缓解文旅企业现金流压力。

3）强化增值税抵扣权并简化税制。强调增值税抵扣权，遵从抵扣实质主义而非发票的形式主义，是回归增值税的一般税收属性，加快推进“以数治税”，试行据实扣税。

4）持续降低增值税各层级税率。可考虑继续降低13%这一档税率，分阶段直至降低至9%，进而与9%这一档税率实现合并，或者保持13%这一档税率不变，继续降低9%增值税税率，分阶段直至降低为6%。

（2）“五险一金”方面

1）稳步降低社保费雇主缴纳比例。分别降低养老、医疗保险单位缴费比例2%。由此，与既往社保费减免举措实现续接，形成较为稳定、连贯的政策红利预期。在持续降低“五险一金”缴纳比例，减轻制度性交易成本的同时，更为注重“五险一金”负担的制度公平性及性价比，提高文旅企业及职工的遵从度即缴纳的积极性，从而缓解一般公共预算补贴压力过大、社会保险基金收支不抵的困境。

2）落实税收法定原则，完善社保征管法规。应由全国人大及其常委会修订《社会保险法》《税收征收管理法》及其实施细则，对社保征管方面的专门法律法规予以规范并细化。特别是进一步明确各部门的职责，建议由中央政府统筹召集有关职能部门，在税务、人社、医保部门中明确执法主体，以切实保障企业及职工的社保权益。

3）在住房公积金方面，研究推进公积金制度的改革方案，推广更加市场化的住房储蓄银行的做法和经验。当前的公积金制度，不仅存在资金沉淀、效率不高、使用不公的问题，同时也加重了文旅企业的实际负担。建议推动公积金的市场化和银行化，逐步调降文旅企业缴纳比例。特别是推广“个人互助、先存后贷、政府补贴、市场化运营”的中德住房储蓄银行的经验。

4）协同创新提升社保经办服务效率。一是建立税费工作协作机制，开展社保经办部门间常态化协作。二是依托税费支持中心，推动社保信息共享，提升服务水平。

（3）非税负担方面

非税支出，作为文旅企业不容小觑的经营成本。从全国整体情况和降费数据来看，中央和地方在“降费”工作中做出了不少努力。但是，在具体环节上仍有一些问题需要改进。在此建议如下：其一，房产税、土地增值税征缴界定尺度尽量统一；其二，适度放开工会经费用于员工福利和活动的用途限制；其三，残保金费率适当下调；其四，规范文旅企业行政事业性收费征缴。

（4）研发费用加计扣除政策方面

1）明确文旅企业研发活动界定范围。建立统一的可加计扣除项目规范标准，明确研发活动各时间节点涉税要求。建立分企业规模、分行业的可加计扣除的研发项目信息数据库，用可操作的硬性指标，做好研发项目认定工作。

2）优化可加计扣除的研发费用口径建议。第一，统一研发费用归集标准。整合文旅产业高新企业认定和加计扣除两个口径的归集标准。第二，改进研发费用归集方法。对可加计扣除的研发费用的共性部分统一归集核算，交叉费用单独归集核算。第三，完善优惠事项管理。适当增加政策灵活性，增加企业申报选择。

3）增强政策普惠性。放宽研发费用加计扣除行业限制，将加计扣除行业范围从“负面清单”变为“正向激励”，尤其是将文旅产业密切相关的餐饮及住宿行业，从“负面清单”中剔除，以激励文旅产业及细分行业的创新性投入。

4）强化部门协作配合。细化科技部门与税务部门的政策落实分工，明确项目认定主体。建立信息共享平台，强化对研发费用加计扣除享受的文旅企业事前、事中、事后全过程的管理和服务。

（5）突出税收公平原则

在巩固文旅产业阶段性减税降费政策成果的同时，立足现代税收制度的建设，有必要秉持税收公平原则，检视各类税费优惠政策，持续完善各主体税种惠商、利商的实施效果，对包括文旅产业在内的市场主体一视同仁，形成以公平原则为特征的制度性税费支持机制。

1）实施轻税制度。适度降低文旅产业所适用的各主体税种税率，减轻市场经济体制运行成本。

2）简化税制。改革既往发票管理制度，加快从“以票控税”过渡至“以数治税”；积极提升智慧化、数字化、智能化税收征管体制，提升文旅企业获得感与便利度。

3）完善增值税制度。在加快数字化征管服务基础上，消除对文旅企业小规模纳税人歧视性规定。

4）改善企业所得税制度。将当前文旅企业所得税及其基础上研发费用加计扣除政策等优惠规定，适时扩大至所有行业企业，夯实所得税税基，避免形成税负洼地。

5）优化社保费优惠政策。拓宽社保费缓缴红利适用范围，在着力降低社保费率的同时，稳步提升文旅企业社保参保合规水平，提高社保参保人的获得感与便利度。

6）扩围车购税优惠政策。车购税减半征收适用范围，可扩展至所有汽车产品类型，尊重产品价格形成机制及市场的资源配置机制，降低文旅产业运行成本。

7）防止各地方“过头税”征收，避免相关税收政策变化频繁导致文旅企业增加“无用”成本，切实解决困扰文旅企业现实经营生产过程中的问题。尤其是借助“金税三期”系统，利用大数据和云计算技术进行自动化管理，实时采集发票全要素信息，追踪纳税人的资金流、票据流，提升纳税评估、信用评级等规则透明度，推进纳税人共享信用数据等。

（6）持续推进文旅产业“放管服”改革

行业管制，本质是政府与市场的边界问题，具体表现在政府各职能部门与文旅企业的互动，通过环保、消防、卫生、安检、税务等方面的规则约束，渐渐形成规范的市场秩序。可是，这些规则的约束，由于行政等权力天然的扩张，尤其在失去制衡与束缚时，往往表现为对市场主体行为的扭曲，进而侵害市场主体的福利，尤其对于正在从计划经济向市场经济过渡的中国来说，转型期过度管制的种种表现尤为突出，并未得到显著缓解及改善。由此，本课题将这一管制视为“税”，并建议要积极在中央与地方各级政府层面推进“放管服”改革，严格落实“双随机一公开”机制，切实解决文旅企业在环境保护督察、安全生产监督、土地审批以及税务指标风险控制时所遇到的管制问题。

三、学术价值、应用价值及社会影响和效益

（一）学术价值

（1）在交易成本理论基础上，结合税费支持政策的实际影响效果，本课题明确将税费支出作为文旅企业经营的制度性交易成本，丰富与完善交易成本理论。

（2）以交易成本理论为依据，借鉴经济学“无谓损失”概念，尝试揭开减税降费政策对文旅企业经营绩效影响的传导机制，为旅游消费市场的进一步扩大提供支撑。

（3）科学测算并设计文旅企业不同年份税费支出增减量表，与资产负债率、资产回报率、毛利率等指标相结合，为规模性减税降费政策实施效果的评估提供经验证据。

（二）应用价值

（1）评估近年来税费支持政策对文旅市场主体纾困发展的影响效果，相对客观总结“逆周期”文旅产业减税降费政策为代表的宏观调控过程的政策经验。

（2）从交易成本视角研究减税降费政策，更加注重发现减税、降费与退税、缓缴税费等举措在文旅行业主体落地实施过程中的问题与疏漏，并针对性地提出解决对策，有利于进一步优化税费优惠政策，恪守供给侧结构性改革方针，实现保企业、稳就业的既定目标。

（3）探索微观文旅企业、职工与财政可持续之间的内在传导机理，以兼顾减轻文旅企业负担、保障旅游消费市场基本稳定、实现地方财政安全稳定运行等既定目标，为推进文旅产业高质量发展提供顶层设计的参考方案。

（三）社会影响和效益

（1）应用研究。课题组围绕文旅企业的税费负担问题，通过文献梳理、理论推演与实践调查，构建了相对科学多维度的文旅产业生产经营状况的评价指标体系及减税降费政策的传导机制，并对近年来文旅产业生产经营的实际效益以及文旅公司的税费负担变动情况做出了相对客观的评估。

（2）咨政建言。针对如何进一步降低文旅企业生产经营的制度性交易成本，本课题提出了以延续、优化与完善减税降费政策支持体系促进文旅产业高质量发展的对策建议。由此呈送文旅、税务、财政等公共决策部门，为文旅产业政策支持体系的改进

提供决策参考，也为学者研究提供文献素材。

（3）人才培养。在课题调研与论证过程中，加强了对旅游、文化管理、公共管理、税收、财政等专业研究生的培养力度。通过带领学生团队走入文旅企业生产经营的“真实世界”，分析文旅产业发展的政策支持体系存在的“真实问题”，在现实案例及问卷数据分析中，提高了学生理论素养与现实关怀、责任担当，凸显科研育人，寓道于研、寓德于教。

基于 SAAS 的旅游企业数字化转型研究

负 责 人：李检舟
依托单位：安徽师范大学
起止时间：（2023 年 4—10 月）

一、研究目的和意义

2020 年 4 月 7 日，国家发改委、中央网信办印发了《关于推进“上云用数赋智”行动，培育新经济发展实施方案》的通知，首次提出“构建多层联动的产业互联网平台”，加快完善数字基础设施建设，为企业数字化转型赋能。

2022 年我国旅游收入相比疫情前的 2019 年下降 64.4%，同年文化和旅游领域各部委共出台 45 项重要政策为文旅产业纾困，数以万计的文旅产业供应链实体企业急需转型升级，降本增效事关生死存亡。2023 年 5 月 17 日国家统计局的数据显示 16—24 岁青年的失业率为 20.4%，达到历史最高。文旅产业供应链可以吸纳大量就业，为青年提供更多的就业机会，同时也可以促进文旅产业的发展，刺激社会消费。因此，文旅产业供应链数字化转型对于提高文旅企业的竞争力意义重大，同时为解决当前的经济和社会问题提供决策参考。

根据《“十四五”旅游业发展规划》的要求，到 2025 年，旅游业要明显展现智慧旅游特征，并提高产业链现代化水平。当前文旅产业供应链存在运营成本高、利润低、平台佣金不合理等问题（表 1），亟须推动文旅企业的数智化赋能。另外，以 AI 大模型为代表的新技术革命已然到来，AI 应用倒逼文旅产业转型，加速中小文旅企业的数字化升级势在必行。

表 1 主要文旅产业供应链解决方案的功能模式和交易成本横向比较

产品 1	功能模式	运作模式	交易成本		账期交易
			交易额佣金（%）	租金（万元 / 年）	
携程旅游	B2C	中心化	10%—30%	0	不支持
同程旅游	B2C	中心化	10%—30%	0	不支持
美团旅行	B2C	中心化	10%—30%	0	不支持
飞猪	B2C	中心化	10%—30%	0	不支持
有赞	B2B2C	单租户	1%—10%	0.8—100	不支持
微盟	B2B2C	单租户	1%—11%	0.8—100	不支持
票付通	B2B2C	单租户	0	0.6—100	不支持
旅小助 2	B2B2C	去中心化	0	0	支持

1. 调研数据截至 2022 年 1 月 1 日。2. 本项目依托旅小助商标运作。

二、主要内容、重要观点、对策建议

（一）主要内容

1. SAAS 架构文旅产业供应链应用平台

建设省、市文旅产业数智化云平台，利用云平台帮助包括政府、文旅产品供应商、文旅产品经销商、景区、文化场馆及酒店等做好数智化建设和管理，健全推广和营销体系，提升产品质量和服务水平，提高专业管理水平和综合运营能力。我们将城市文旅企业、政府等各端需求纳入一个有机的、具有内在一致性的整体框架中，框架中共设计 6 个模块作为支撑，分别是分销端、供应端、游客端、第三方服务、基础模块、开放平台，该框架以 SAAS 的组织方式部署在云端（图 1），各个子系统之间采用松耦合的微服务进行有机交互和数据互通。文旅产业供应链应用平台的关键技术至少包含以下几个方面。

（1）文旅产业供应链各利益相关方诉求的精准匹配。本课题首次将文旅产业供应链的各利益相关方纳入研究对象，其中至少包含游客、旅行社、自媒体达人、知名博主、文旅机构、景点、酒店、文创产品供应商、文旅主管部门等。

（2）大数据技术、分布式计算在文旅产业互联网中的深度应用。通过引入云计算、大数据、物联网等技术，综合利用 NOSQL 数据库、内存数据库、分布式存储、消息队列、微服务等手段，解决了数据死锁、超卖超买、高并发、高可用、容灾等难题。

（3）显著降低传统文旅产业供应链的运营成本。采用微服务设计，提高系统的可扩展性和可维护性，SAAS将极大降低企业的IT成本。基于易宝、微信、支付宝等第三方支付平台，解决企业账户资金合规和安全问题，有效降低了资金流转成本。

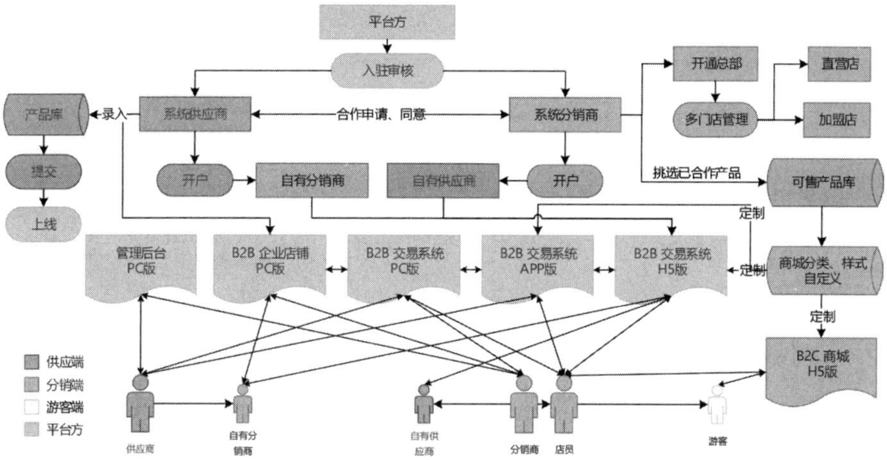

图1　文旅产业供应链中的角色交互示意

2. AI在文旅产业供应链中的应用

AI大模型是指具有大量参数和层次的深度神经网络模型，能够在大规模数据集上进行高效的训练和推理，从而实现复杂的AI任务。近年来，AI大模型在计算机视觉（CV）、自然语言处理（NLP）和多模态（MLM）等领域取得了令人瞩目的进展（图2），为人类社会带来了巨大的价值和影响，其中获得2022年Science十大科学突破的AI领域重要成果包含DALL-E为代表的文生图模型、AI设计蛋白质算法ProteinMPNN、AlphaTensor为代表的算法设计系统、AlphaCode为代表的AI编程系统。

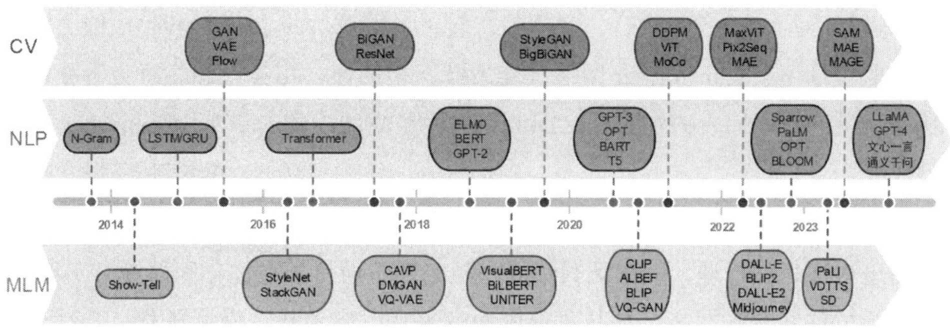

图2　部分代表性算法和大模型

从 0 开始训练 AI 大模型的成本过高，因而本项目将在开源通用大模型的基础上，保持大部分参数不变，仅对少数参数进行监督微调，使其适应文旅产业供应链的应用场景。其中的关键技术至少包含以下几个方面。

（1）高质量的文旅产业链应用数据工程技术。通过文旅手段收集并分析文旅相关数据，如游客流量、景区评价、用户行为等，挖掘潜在的商业价值和创新点，为 AI 大模型的应用提供数据支撑。如何有效地采集、处理和清理大规模的数据，并转换为可供 AI 模型使用的格式，如何利用高效的工程化工具帮助完成数据的采集和标记，提高数据质量是重点。

（2）基于开源大模型的监督微调算法。利用开源的预训练大模型作为初始参数，根据特定任务的标注数据，通过有监督的学习方法，调整模型的参数，提高模型在目标任务上的性能，使其能够更好地适应文旅应用任务的需求。其中包括参数高效微调技术 (PEFT)、迁移学习（Transfer Learning）等技术。低秩微调是目前优秀的轻量微调方法。

（3）分布式并行计算技术。分布式并行计算技术，是指利用多个计算节点协同完成大模型的训练和推理任务，降低单个节点的算力资源压力。大模型的参数规模巨大，如 1B 参数的模型需要约 2G 显存进行推理，训练所需资源更高。分布式并行计算技术主要包括数据并行、模型并行、流水线并行等方法，有时还结合序列并行等技术，实现大模型的高效训练和推理。

（4）大模型的压缩技术。是指利用剪枝（Pruning）、量化（Quantization）、蒸馏（Distillation）等方法，减少模型的参数数量和计算量，降低模型的存储空间和推理时间，提高模型的泛化能力和部署效率。该技术是解决大模型推理成本高、资源消耗大的重要手段。

（5）大模型的多模态数据融合技术。利用预训练模型，将文本、图像、语音、视频等数据进行表示、对齐和融合，实现信息转换和增强，提高理解和生成能力。该技术涉及自监督学习、Transformer 网络、交叉模态相似性、相关性和注意力等技术和算法。比如，最近效果惊人的在 Stable Diffusion 模型应用中的 LoRA、ControlNet 技术就是典型代表。

（6）大模型的微服务化推理和在线应用技术。对于已经部署的 AI 模型，在生产环境中如何进行优化和管理，以保证其性能和稳定性。通过模型优化和部署，实现高效、稳定、灵活的在线预测服务。该技术涉及内存复用、容器化、微服务化、弹性伸缩等技术和方法。结合 LLM(大语言模型) 和数据库查询的应用，可以实现自然语言查询数据库的功能，提高用户的查询效率和体验。例如，用户可以通过语音或文字输入“我想查看 2022 年第一季度黄山线路的销售额”，系统可以通过 LLM 将用户的意图解析为数据库查询语句，并返回相应的结果（图 3）。

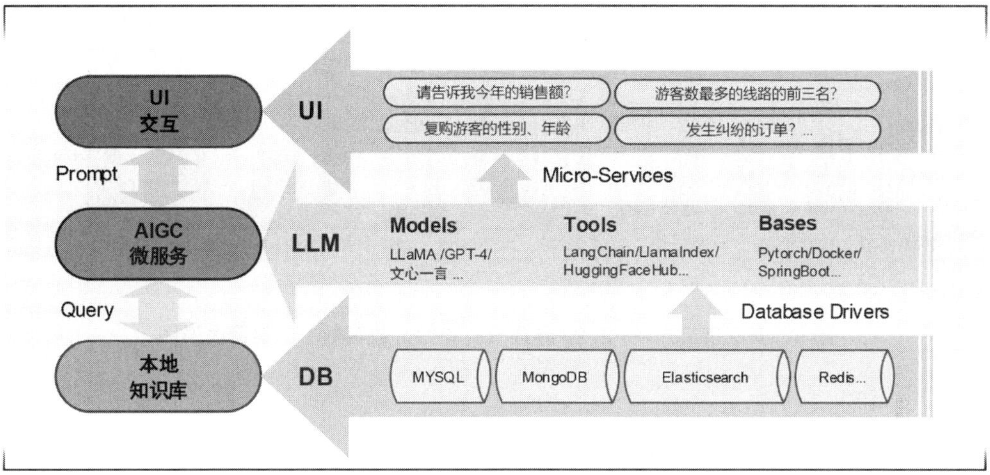

图 3　LLM 技术在文旅商家运营服务中的场景示意

（二）重要观点

1. 一手调研成果

研究团队前期耗时两年，已完成全国 30 个地级市的 149 个文旅企业面对面访谈，其中包含游客、旅行社、自媒体达人、文旅机构、景点、酒店、文创产品供应商、文旅主管部门等获取了 500 余条文旅行业的痛点需求，为后续研究打下了坚实基础。

2. 初期验证成果

研究团队自 2021 年 10 月开始在安庆市（图 4、图 5）的 78 家旅行社和上下游供应商进行了信息化转型实践，覆盖了安庆市范围内的约 70% 的旅游门店。同时在长三角的杭州、芜湖、马鞍山等选择部分企业进行了小范围试验，初步验证了本产品的可行性，但在不同区域适用性、人工智能技术应用场景落地上仍有巨大的提升空间。

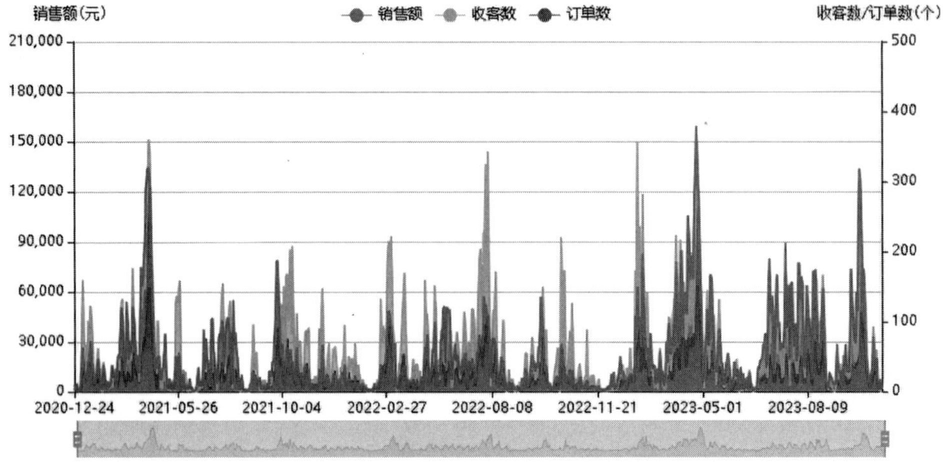

图 5　安庆市 2021—2023 年逐日订单数、收客数、销售额线形图

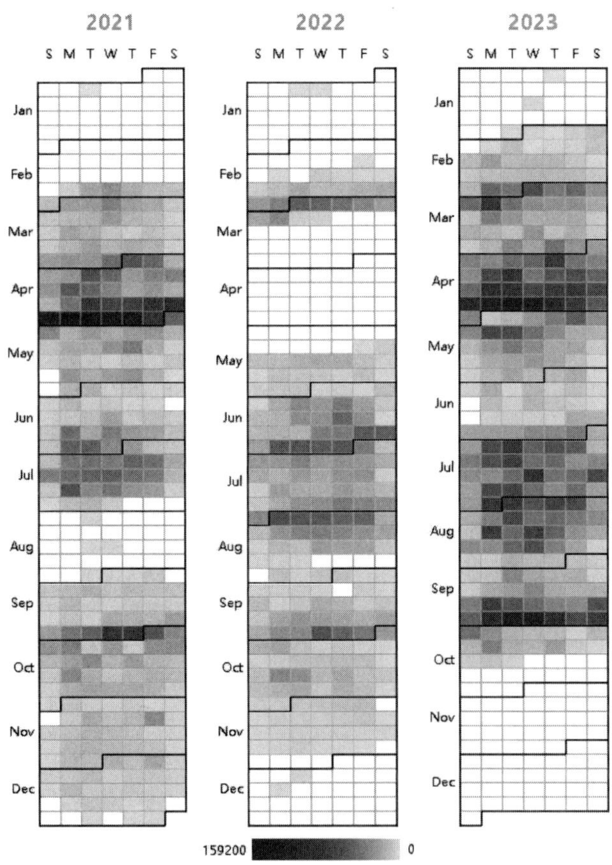

图 6　安庆市 2021—2023 年的销售额逐日分布热点图

3. 研发投入

前期研究是一个公益项目，其运作的主体公司前期已投入调研和开发资金 500 余万元。虽然初步验证了研究方案的可行性，但该方案在普适性、AI 应用场景的适配方面存在一定局限性，需要进一步研究以扩大其适用范围，以惠及更广泛的文旅产业供应链实体，因此需要更多资金支持后续研究。

（三）对策建议

1. 文旅产业供应链的整体数字化程度较低，但局部已形成价格垄断

少数同步资本通过垄断手段抬高了交易成本，比如美团、携程等企业在平台交易中提取 10%—30% 的交易佣金，阻碍了行业健康发展。建议相关监管部门从管理角度加强监督管理，制定相应的竞争秩序和规则，遏制垄断资本的无序发展。

2. SAAS 解决方案可以大幅降低企业信息化成本

经实证研究，中小型企业的获客成本在 SAAS 方案的帮助下，获客成本下降了 50%，经济效果明显。建议行业引入低成本的 SAAS 方案，如果能采取自上而下的方式，提供普惠式 SAAS 文旅产业供应链数字化解决方案将大大加速中小企业的数字化转型进程。

三、学术价值、应用价值及社会影响和效益

（一）利用大模型赋能文旅产业供应链，为实体企业提供转型升级的解决方案

本项目利用 AI 大模型、云计算、大数据、物联网等技术，结合 NOSQL 数据库、内存数据库、分布式存储、消息队列、容器、微服务等手段，克服了数据死锁、超卖超买、高并发、高可用、容灾等难题。

（二）探索大模型应用环节的关键技术，推动大模型在文旅产业供应链中的应用场景落地

本项目将平衡大模型本地应用的算力成本和推理精度，提高高质量标记数据对模型在垂直领域应用的泛化能力，解决文旅产业供应链中的关键应用难题。同时，本项目构建数据采集、模型应用、人工反馈的闭环功能，为持续优化 AI 应用奠定基础。

（三）以AI技术革新应用倒逼文旅产业信息化转型升级，降低运营成本

采用微服务架构，提升系统的灵活性和稳定性，普惠模式的SAAS大幅减少企业的IT支出。借助易宝、微信、支付宝等第三方支付平台，保障企业账户资金的合规性和安全性，有效降低了资金流转的成本，从而拒绝垄断型商业平台的不合理佣金。

新时代我国出境旅游发展的软实力战略研究

负 责 人：田里
依托单位：云南大学
起止时间：（2023 年 4—10 月）

一、研究目的和意义

（一）研究目的

在全球化持续加深的背景下，中国出境旅游承担着促进人员交流、共享发展经验、增进国际关系的重大使命，发挥着传播民族文化、昭示发展成就、彰显国际地位的重要功能，是新时代背景下提高中国软实力的关键抓手，更是践行人类命运共同体理念的有效载体。《“十四五”旅游业发展规划》指出，“旅游成为加强对外交流合作和提升国家文化软实力的重要渠道”，因此，在全球发展格局深刻调整的当今时代，出境旅游应以软实力为靶向，全面融入中国对外开放整体布局，助力中华民族伟大复兴。

（二）研究意义

课题将中国出境旅游全面纳入对外开放体系中，主要意义包括：

（1）为软实力提升提供路径思考。中国在海外的软实力提升存在现实困境，尽管孔子学院建设、新闻媒体打造等政府主导型举措极大地提升了软实力，但在部分国家也面临因文化和意识形态差异而产生的诸多问题，从而使软实力提升面临困境。出境旅游作为一种更具亲和力的柔性外交手段，能够作为政府主导型举措的补充，共同助力软实力提升。

（2）为中国出境旅游发展提供战略导向。长期以来，学界、业界对中国出境旅游发展存在诸多争议，各方围绕外汇流失、经济安全、需求外泄等展开了大量探讨，然而出境旅游作为一种民间外交形式所具有的功能却关注较少，进而导致中国出境旅游发展缺乏明确战略目标。本课题聚焦中国软实力，旨在为新时代背景下中国出境旅游发展提供具体的战略导向。

（3）为出境旅游研究深化提供差异视角。本课题关注中国出境旅游的软实力效应，是对出境旅游研究内容的拓展与延伸。中国作为世界上的出境旅游人数和旅游消费大国，对于全球经济增长都有显著的促进作用，然而基于客源国角度的研究却明显不足，出境旅游功能作用长期未受到足够关注，因此本课题能够推动出境旅游研究进一步深化。

二、主要内容、重要观点、对策建议

（一）主要内容

1. 中国出境旅游发展现状研判

发展阶段：基于政策演变、发展规模与空间分布将中国出境旅游划分为三大阶段。第一阶段为探索发展期（1983—1996 年），以试点发展为主要特征，出境旅游规模较小、目的地较少、管理较为严格；第二阶段为稳步增长期（1997—2009 年），以逐步放宽发展为主要特征，出境旅游规模持续扩大、流向趋于集中、管理愈加精准；第三阶段为影响深化期（2010 年至今），以国际地位上升为特征，出境旅游增长逐渐趋于平稳、目的地数量进一步增加、国家调控政策明显弱化。

流量规模：从出境旅游人数、消费、贡献三个角度考察中国出境旅游流量规模。第一，中国出境旅游规模经历着由迅猛增长向平稳发展的转变过渡，成为全球最大的出境旅游客源国，居民出游率明显上升；第二，中国出境旅游消费呈现逐年增长的演进态势，成为全球最大旅游支出国，人均消费表现出平稳上升的基本特征；第三，中国出境旅游对全球出境旅游的贡献在快速增加后趋于稳定，其中消费贡献在部分年度有所下降，但仍是全球第一大贡献国。

流向分布：从流向规模、市场占比、分布规律探究中国出境旅游流向分布。第一，基于流向规模的视角来看，中国出境旅游目的地以热门旅游国家为主，但分布格局逐渐发展改变；第二，基于市场占比的视角来看，与流向规模分布格局存在明显差异，中国出境旅游在部分发展中国家具有重要影响力；第三，出境旅游的流向分布存在距离衰减、经贸导向、地缘驱动三大规律性特征。

流动速度：从人数规模、消费规模、区域差异方面分析中国出境旅游流动速度。第一，基于出境旅游人数规模增量来看，中国出境旅游流动速度经历了由低向高的变动趋势，同时显著高于其他国家；第二，基于出境旅游消费规模增量来看，中国出境旅游流动速度总体上较为平缓，在部分年份显著上升后领先于其他国家；第三，基于出境旅游流向分布的规模增量来看，中国出境旅游流动速度存在洲域差异，且这一差异格局长期保持相对稳定状态。

2. 出境旅游与软实力的理论体系

出境旅游理论体系。概念体系是实证分析的基础，通过归纳演绎的逻辑思维对出境旅游概念体系进行界定，得出以下结论：出境旅游是指一国公民通过口岸离开本国前往其他国家或地区的旅行游览活动，从性质角度描述，出境旅游是一种人际交往行为、旅游资本的国际流动过程、国家之间的外交合作形式；从起源角度描述，出境旅游是一国居民消费需求升级的必然结果、国民经济发展的特定产物、国家融入国际社会的必然选择；从特征角度描述，出境旅游具有决策行为的需求驱动性、境外活动的资本涉入性、跨境行为的国家管控性；从效应角度描述，出境旅游个体带动文化传递、出境旅游资本昭示发展成就、出境旅游政策彰显国际地位。

软实力理论体系。当前软实力研究存在理论体系不清晰的现实问题，需要进一步梳理界定，得出以下三点结论：第一，从概念内涵来看，软实力是指一国通过吸引、感召而影响他国行为的力量，软实力的运用主体为主权国家，作用方式为价值中立的吸引与感召，作用对象为他国民众与政府部门。第二，从基本特征来看，在明晰概念内涵的基础上，软实力呈现出主体意志的指向性、生成方式的内敛性、表现结果的潜在性三大特征。第三，从来源构成来看，软实力的主要构成包括三个层次的作用力量，即吸引力、感召力与话语力，三大力量叠加组合共同形成了完整的软实力。

3. 出境旅游提升的软实力作用机制

出境旅游对软实力的影响源自旅游者的文化力量、旅游业的资本力量、旅游地的政策力量，这三种力量体现出的作用路径彼此不同，文化力量通过“文化传播—信息纠偏——认知塑造”路径发挥作用，旅游者发挥文化传递功能，以信息纠偏为途径，作用于东道国的居民认知，进而提升中国文化软实力，资本力量通过“经贸合作—规则重构——利益博弈”路径发挥作用，旅游业发挥经贸合作功能，以规则重构为途径，作用于东道国的商业运行，进而提升中国发展感召力，政策力量通过“外交干预—权力对比—话语调整”路径发挥作用，旅游地发挥外交干预功能，以权力对比为途径，作用于东道国的外交决策，进而提升中国政策话语力。

（二）重要观点

1. 中国出境旅游由出境游客个体、出境旅游资本、出境管理政策三大承载者共同推动

中国发展实践与研究历程均表明，中国出境游客规模的扩大在很大程度上源自不断宽松的中国出境管理政策，因此政策因素应当成为中国出境旅游研究中的重要内容；另外，中国出境游客规模扩大所形成的国家特定优势会带动中国企业参与国际旅游价值链分工，因此出境旅游资本也应成为中国出境旅游研究中的主要板块。因此，对中国出境旅游功能作用的分析研究需要依托个体、资本、政策展开。

2. 中国出境旅游具有传递民族文化、昭示发展成就、彰显国际地位三大国家战略价值

中国出境旅游发展长期以来存在战略导向性不足的现实问题，导致学术研究重点有所偏离，基于出境游客个体、出境旅游资本、出境管理政策共同推动中国出境旅游发展的研究观点。首先，出境旅游是一种人际文化交流行为，决定了传递民族文化的有效性；其次，出境旅游是一种资本要素的国际流动过程，决定了昭示发展成就可行性；最后，出境旅游是一种国家之间的外交合作形式，决定了彰显国际地位的必然性。

（三）对策建议

1. 完善出境旅游综合管理模式

推动公民出境手续便利化。一直以来，我国的出境旅游以团队为主，出境旅游存在明显的结构性失衡，自由行发展相对缓慢，主要原因在于出境旅游相关程序政策的相对烦琐，需要从提高中国护照含金量、探索局部开放新模式、推进口岸通关数字化三个方面进行发力。

健全出境旅游服务保障机制。除了相关政策、程序制约着出境自由行的规模扩大，境外旅游服务的陌生也是主要影响因素。因此，扩大出境旅游自由行规模，需要从完善出境旅游安全保障机制、发布境外中国旅游企业清单、加快建设出境旅游陆路通道三个方面进行发力。

完善出境旅游统计制度。准确的统计数据是识别出境旅游软实力效应的关键和前提，当前中国在出境旅游统计方面仍有不足，部分相关数据仍掌握在国际组织中，影响出境旅游相关政策的制定，需要从完善出境旅游流向统计、优化出境旅游消费统计、建立出境旅游类型统计三个方面进行发力。

2. 强化出境旅游三重价值属性

提高出境旅游文化信息传播效率。微观视角下出境旅游对软实力的促进效应主要由文化传递功能所驱动，因此，尽管存在不文明行为的客观事实，但出境旅游的快速发展也极大地提高了他国对中国的关注度，基于这一判断，需要进一步提高出境旅游在传递中国文化信息方面的效率，减小、消除他国因信息不对称而产生的对中国的误解。需要从加强出境旅游行为宣传教育、鼓励出境旅游者融入当地社会、加快打造中国本土国际化媒体三个方面进行发力。

鼓励中国企业参与国际旅游分工。中观视角下出境旅游对软实力的促进效应主要由资本介入功能所发挥，因此，需要积极鼓励中国企业参与国际旅游分工，提高国际规则制定话语权。需要从推进双边协定缔结工作、优化目的地投资环境，鼓励中国企业融入当地、减少价值链分工阻力，引导中国企业制定标准、提高国际竞争话语权三个方面进行发力。

引导出境旅游客流实现均衡分布。宏观视角下出境旅游对软实力的促进效应主要由关系依赖功能所驱动，在这一环节中，国家层面的宏观调控发挥着重要作用。因此，为了进一步强化出境旅游的外交功能，需要引导出境旅游客流实现均衡分布。需要从拓展出境旅游获批目的地、引导旅游者流向发展中国家、落实旅游城市联盟新倡议三个方面进行发力。

3. 提升出境旅游地缘政治功能

发达国家：以出境旅游文化功能为主导。对于中国至发达国家的出境旅游政策取向，需要继续扩大出境旅游规模与水平，强化出境旅游的文化传递功能。在欧洲地区推动出境旅游团队行转向自由行，在北美洲地区实施出境旅游常态化运作模式，在大洋洲地区推动出境旅游规模进一步扩大。

发展中国家：以出境旅游资本功能为主导。中国出境旅游在发展中国家的软实力效应不明显，尤其是非洲与南美国家，出境旅游与软实力均处于中等偏下的基本状态，主要受东道国经济基础、旅游发展水平的制约，出境旅游水平不高，进而导致其文化、资本与权力功能难以发挥。相关措施可以考虑从鼓励旅游对外投资增加、扩大出境旅游群体规模两个方面进行切入。

周边国家：以出境旅游权力功能为主导。中国出境旅游在亚洲地区的软实力效应并不明显，但出境旅游与软实力水平均处于较高状态，影响不明显的原因主要是处于同一文化圈，出境旅游的文化功能发挥受限，加之受地缘政治格局的影响，权力功能未有效运用。因此需要加快双边旅游合作，强化出境旅游的权力功能，带动其他价值属性的有效发挥，相关措施包括试点跨境旅游合作项目、提升陆路口岸对外交通条件、建立双边旅游合作机制三个方面。

三、学术价值、应用价值及社会影响和效益

（一）学术价值

（1）聚焦中国出境旅游发展的软实力战略导向。在已有发展实践中，出境旅游自觉或自发地发挥着传播民族文化、昭示发展成就、彰显国际地位的功能，在提升软实力的过程中承担着重要角色，而当前对这一现象的关注尚且不够，本课题聚焦中国出境旅游发展的软实力战略，相较以往研究实现了一定突破。

（2）识别中国出境旅游影响软实力的作用机制。本课题基于旅游者、旅游业、旅游地三大视角，借鉴社会心理学、国际投资学、国际政治学的基础理论，构建了出境旅游影响软实力的多层次、多路径作用机制，一方面能够回应已有对出境旅游不文明行为的过度批判，另一方面也填补了当前理论研究的不足。

（二）应用价值及社会影响和效益

（1）明确出境旅游政策导向。中国出境旅游政策导向经历了由限制发展到适度发展、规范发展、有序发展的过渡转变，本课题致力于聚焦中国出境旅游发展的软实力战略，能够为今后出境旅游采取何种政策导向提供支撑。

（2）融入国家外交整体布局。出境旅游作为一种兼具民间互动与政府交往的国际行为，在国际社会中具有官方外交所不具备的柔性功能，本课题将出境旅游发展战略落实、聚焦至软实力，能够全面剖析出境旅游所具有的外交功能，进而服务于国家外交需要。

敦煌莫高窟旅游开发与文物保护协调发展研究

负 责 人：张建军
依托单位：兰州大学
起止时间：（2023 年 4—10 月）

一、研究目的和意义

课题通过实地调研、归纳文献等方法，考察前期粗放式旅游开发模式对敦煌莫高窟生态环境与文物保护带来的不利影响，归纳总结现阶段敦煌莫高窟旅游开发与文物保护的现状，分析莫高窟现行旅游开发模式存在的问题，分析产生这些问题的原因，并为莫高窟的可持续开发利用提供可供参考的思路与措施，对促进敦煌莫高窟旅游开发与文物保护协调发展具有重要意义。

二、主要内容、重要观点、对策建议

（一）主要内容

敦煌莫高窟是世界上现存规模最大、保存完好、艺术精湛的佛教艺术宝库，对其的开发应探索一套旅游开发与文物保护齐头并进的可持续开发模式。但莫高窟前期采取的粗放式旅游开发模式导致窟内壁画患上霉害、粉化、疱疹等病害，窟内塑像大面积起甲、空鼓脱色等，为推动莫高窟旅游开发与文物保护携手并进，当地政府和敦煌研究院工作人员从旅游开发与文物保护两方面着手，借助立法、创新管理模式、借助数字技术探索“壁画活态化”与“档案数字化”等方法使莫高窟得以“休养生息”。但为追求经济的高速增长，敦煌莫高窟的开发还存在“旅游黄金周”接待客流量超出石窟承载力、景区内部高度“城市化”侵蚀遗产地原貌、数字呈现技术未普及，以及洞窟资源利用率低，导致莫高窟旅游资源仍被过度开发。为有效延长莫高窟旅游地的生命周期，未来莫高窟旅游开发应在其承载力范围内谋求可持续发展、打造莫高窟边缘景区分散核心区域旅游冲击力、以数字技术替代进窟参观，以及加大资金投入“固山体”“治洪水”，坚持“保护第一、开发第二”的铁则，避免因过度开发导致的世界遗产地“被动消亡”。

（二）重要观点

（1）打造莫高窟边缘景区分散核心区旅游冲击力。莫高窟作为旅游核心区，面临着强大的游客接待压力，积极发掘边缘区的历史、文化内涵构建边缘景区，可以有效降低旅游核心区的游客接待压力。如可以“宗教文化游”为主题，推出5条精品旅游线路：①肃州西汉酒泉胜迹、西凉王宫—金塔鸳鸯湖—东风航天城—额济纳旗胡杨林—敦煌；②肃州—嘉峪关—玉门吾艾斯墓—安西锁阳城—榆林窟—悬泉遗址—敦煌；③敦煌—玉门关—雅丹地质公园—罗布泊；④敦煌—西千佛洞—现代石窟—阳关—阿克塞民族风情园；⑤敦煌—安西锁阳城—东千佛洞—榆林窟—肃北石包城—透明梦柯冰川。也可以积极挖掘具有地域特色的娱乐项目，多管齐下分流核心区游客，打造“重游张骞出使路线（敦煌段）”，并组建相应的餐饮、食宿、服装租借、摄影摄像等配套产业，既有效分流了旅游核心区游客承载压力，也丰富了当地旅游娱乐项目，带动当地居民就业，拉动经济增长。

（2）“固山体”“治洪水”双管齐下促成莫高窟北区开放。莫高窟北区作为集禅窟、僧房窟、瘗窟、廪窟、礼佛窟等为一体的石窟群，具有极强的人文与艺术价值，但莫高窟北区受大泉河洪水与骤降的暴雨以及重力和地震力作用极易崩塌，因此，从以下两方面着手可以有效促成北区开放：其一，加固山体，对北区现有洞窟与崖体的“薄弱之处”进行加固处理，增强山体的抗震能力，达到增强洞窟抗震能力、预防突发性地震对洞窟及山体造成的破坏等效果；其二，“固水”“截水”双管齐下，防治洪水对洞窟与山体的冲刷与侵蚀。现阶段莫高窟北区洞窟及山体受到的冲刷与侵蚀主要源自大泉河洪水，应加大资金投入，对莫高窟大泉河的防洪大堤进行加固处理，以防汛期的大泉河冲破防洪大堤，冲刷、侵蚀莫高窟北区的洞窟或山体。此外，基于水流的沉积作用，水流流经狭窄的河道会沉积大量的泥沙，使河道变浅变窄，堵塞河道，影响水流流动，应组织专业人员定期清理大泉河狭窄河道的淤泥，防止积年淤泥阻塞河道，倒逼河水漫过防洪大堤。

三、学术价值、应用价值及社会影响和效益

（一）学术价值和应用价值

敦煌莫高窟既是中国古代文明的艺术宝库，也是古代丝绸之路的重要见证，既蕴含着相当的经济属性，也具有充分的历史文化价值。受前期粗放式开放实体洞窟开发模式的影响，敦煌莫高窟面临着严峻的生态危机与文物保护危机，窟内壁画、塑像、艺术史料都患上了不同程度的病害，莫高窟这一世界遗产地的文物保护应当引起充分重视。因此，课题组选择以敦煌莫高窟旅游开发与文物保护的协调发展作为研究对象，着重考察了敦煌莫高窟现行旅游开发模式与文物保护之间的紧张关系，并分析造成这些问题的原因，进而提出促进莫高窟可持续开发利用的思路，以期为促进敦煌莫高窟旅游开发与文物保护协调发展提供可供操作的对策与建议。

（二）社会影响和效益

课题成果以建议稿的形式递交敦煌市文旅局、敦煌研究院等相关部门，供其决策参考，以期为敦煌莫高窟实现可持续开发利用提供智力支持，产生相应的社会效益。

新疆边境旅游试验区、跨境旅游示范区建设研究

负 责 人：喇娟娟
依托单位：新疆大学
起止时间：（2023 年 4—10 月）

一、研究目的和意义

（一）研究目的

《中共中央关于全面深化改革若干重大问题的决定》作出了对我国沿边地区改革的重大决策："加快沿边开放步伐，允许沿边重点口岸、边境城市、经济合作区在人员往来、加工物流、旅游等方面实行特色方式和政策。"《国务院关于支持沿边重点地区开发开放若干政策措施的意见》进一步明确：重点开发开放试验区、沿边国家级口岸、边境城市、边境经济合作区和跨境经济合作区等沿边重点地区是我国深化与周边国家和地区合作的重要平台，是沿边地区经济社会发展的重要支撑。随着"一带一路"倡议的深入推进，沿边地区在人员、资源流动方面的需求不断增大。边境旅游试验区、跨境旅游示范区（以下简称"两区"）建设是全面深化改革的重要内容，是国家层面确定的以改革为指向的旅游业发展重点区域，在经济新常态和开放新格局背景下，设立边境旅游试验、示范区能够强化政策集成和制度创新，最大限度促进沿边地区资源高效配置与市场深度融合。推进沿边重点区域全域旅游发展，打造边境旅游目的地对全国旅游业的改革创新具有重要的先行示范作用。

（二）研究意义

自文旅部等 10 部门联合印发文旅发〔2018〕1 号文已近 5 年，对满洲里和防城港两个试验区建设的经验与问题已逐步反映。作为拥有我国最长陆地边境线的新疆，酝酿、探索“两区”建设已有时日。为全面贯彻党的二十大“以文塑旅、以旅彰文，推进文化和旅游深度融合发展”的要求，把文旅部的新举措，把两个先行试验区的经验结合起来，研究、探讨新疆边境旅游试验区、跨境旅游示范区建设，对推进整个内陆地区边境旅游、促进区域经济发展都具有重要意义。做好旅游开发，尤其是对边疆发展带动较强的边（跨）境游，对于形成全方位开放新格局、促进区域协调发展、构建和谐稳定周边关系，深化与周边国家和地区合作具有重大战略意义。

二、主要内容、重要观点、对策建议

（一）主要内容

总体布局构建新疆边境旅游试验区、跨境旅游示范区建设方案，提出实现加速发展边（跨）境游的对策建议。“旅游两区”建设目标：全面拓展边（跨）境旅游业态产品，打造出符合当地文化特色、环境特点、人文底蕴的旅游产品，为当地居民和游客提供优质的旅游体验，实现旅游服务水平明显提升，旅游市场环境更加优越。坚持促进“旅游 +”产业多元融合，不断夯实边境旅游试验区创建基础，走出一条具有新疆特色的边（跨）境旅游发展之路。“旅游两区”建设发展布局：构建新疆“旅游两区”“两环一带”布局方案。在边境旅游实验区方面设计：①以塔城市、阿拉山口市、吉木乃县为节点的北疆“三点一环”旅游环线；②以塔什库尔干县、乌恰县等为节点的中国“西极”沿边游线路；③在跨境旅游示范区方面设计以霍尔果斯口岸及边境合作区为依托的“霍伊博”塞上江南小环线。

（二）重要观点

北疆“三点一环”上的塔城市、阿拉山口市、吉木乃县等条件相对成熟的边境口岸城市规划、建设边境旅游试验区。拟建设的三个边境旅游试验区按“三点一环”全域旅游格局构建。三个口岸城市接壤的均为哈萨克斯坦，在边境口岸区域打造以哈国风情为主的旅游、购物、娱乐等人文体验核心区，可开发连接俄罗斯、中亚国家与我国内地客源市场的自驾游、专列游等跨境旅游产品。利用塔城重点开发开放试验区、塔城边境经济合作区，发展边境（跨境）旅游，打造以农产品物流、进出口加工、边境贸易、边境旅游为主的综合性口岸；利用吉木乃国家级边境经济合作区，综合口岸地缘、资源、市场和人文优势，培育跨境旅游业，打造集能源资源、贸易、旅游等为主的综合性口岸；利用阿拉山口综合保税区、博乐边境经济合作区等开放平台，依托公铁联运，加快集聚产业要素资源，构建国际供应链服务体系，推动外向型经济产业化、规模化发展。同时，依托三个口岸所在地州的自然风光与人文景观，构建阿—博—塔旅游环线。

南疆打造塔什库尔干县、乌恰县中国“西极”沿边游。依托喀什经济开发区伊尔克什坦口岸园区，加大能源资源进口力度，推动边民互市贸易转型升级，探索将口岸免税店与边境旅游相结合；依托塔什库尔干县旅游资源，开发红其拉甫口岸发展边（跨）境旅游项目；吐尔尕口岸推进旅游产业与边境口岸建设融合发展，实现“文化旅游景点、城乡、边境口岸”全景打造，口岸（托帕）周边有“天门、红山谷、泉华”等自然景观，三师二牧场、国门前哨界碑、边检一二代营房等爱国戍边教育场所，积极开拓国际旅游合作，与吉尔吉斯共同打造“中亚小瑞士和中亚明珠”之称的伊塞克湖品牌，力争将旅游业培育成口岸的支柱产业。南疆依托口岸、沿边村寨构建充满巴基斯坦、塔吉克斯坦、吉尔吉斯斯坦风情的中亚特色沿边游，依托西部边陲独特的高原、湖泊、冰山等胜景，打造中国西极“西游记”。

霍尔果斯跨境旅游示范区。霍尔果斯所在的伊犁州是新疆旅游资源最丰富的地区之一，生态良好、民族风情浓郁、历史文化厚重、区位条件优越。未来示范区建设依托中哈霍尔果斯国际边境合作区，拓展合作项目、改革创新免税购物旅游便利化措施，延长跨境游线路，丰富跨境游内容，提升游客停留时间，形成集跨境旅游、免税购物、商务会展等为一体的旅游竞争新优势。合作区重点发展跨境旅游宣介、风情体验、免税购物、文化旅游、会展旅游、研学旅游等特色旅游，拓展线路主要规划以伊宁市、博乐市周边景区、赛里木湖等为核心的跨境旅游线路。把霍尔果斯跨境旅游示范区建设成为高度开放的国际经贸中心和国际旅游集散中心，构建“霍伊博”塞上江南小环线，把霍尔果斯口岸的比较优势转化为经济优势。

（三）对策建议

经过深入研究，提出了一套全面推进“旅游两区”发展的策略。首先，致力于完善旅游线路、口岸以及核心节点的基础设施和接待设施，以优化旅游环境，提升游客体验。同时，加大文旅融合力度，充分展现地区特色，通过搭建各类文旅活动平台、举办特色文艺演出和体育赛事等方式，融入丝绸之路经济带元素，丰富旅游产品，提升旅游吸引力。在宣传推广方面，积极利用各类新媒体和互联网推广模式，拓宽宣传渠道，加大宣传力度，将“旅游两区”的总体特色广泛传播，吸引更多游客前来游览。此外，充分利用各级各类资金支持，加速文旅相关项目的规划、建设和施工进程，以实现“疆内环起来、进出疆快起来，南北疆畅起来、出入境联起来”的目标。同时，加强网络基础设施建设，提升边境地区的网络带宽和覆盖范围，构建一个以互联网为媒介的数字化旅游体系，以进一步推动边境旅游的发展。

其次，构建了一套多部门、多主体协同推进“旅游两区”建设的方案。在政府部门间协同方面：其一，自治区文旅局作为牵头部门，与发改、交通、城建、公安、市场监督管理、财政等相关部门密切合作，共同研究和制定了一系列政策措施和实施方案，以确保“旅游两区”建设的顺利进行。其二，文旅局与交通部门联手推出旅游交通规划，包括建设旅游公路、公交专线、停车场等交通基础设施，以提供便捷、顺畅的交通出行服务。同时，增加多条旅游公交线路和旅游班线，为游客提供更多样化的交通选择。其三，文旅局与城建部门共同推进旅游配套设施建设，包括在旅游景点、名胜古迹等地方建设旅游厕所、游客服务中心、旅游标识标牌等，以提供更完善、贴心的旅游服务。其四，公安局负责旅游目的地的安全监管，确保游客的人身财产安全。其五，文旅局与市场监督管理总局合作，负责旅游市场的监管，维护旅游秩序，保护旅游消费者的权益。其六，文旅局与发改委、财政局等部门合作，共同研究制定了一系列优惠政策措施，如在新疆边（跨）境区域内实行免费旅游政策、推行一卡通服务等，以吸引更多游客前来旅游观光，推动“旅游两区”建设的发展。在各类主体间协同方面，鼓励不同利益相关者如政府、企业、社区、游客、旅游协会等相互合作，共同促进新疆边（跨）境旅游业的发展。这些利益相关者通过协同合作，可以实现资源共享、信息互通、风险共担，从而促进新疆边（跨）境旅游业的可持续发展。政府通过制定详尽的规章制度为旅游业提供坚实的保障。企业则通过加大投资及深度开发旅游产品为旅游业繁荣作出贡献。社区提供丰富的旅游资源和细致入微的服务，为旅游业提供强大支持。游客的参与和反馈也推动旅游业的发展，为整个行业注入活力。此外，旅游协会在“旅游两区”发展中发挥重要的协调作用。它制定旅游行业标准，规范从业人员行为，推动旅游业规范化发展。同时，旅游协会为政府提供旅游发展建议，参与旅游规划制定，并对限流政策、免票政策、优惠机票政策等提供咨询建议。

最后，需进一步完善“旅游两区”的保障体系。在政策保障上，实施税费优惠政策，特别是针对新建或扩大边（跨）境旅游企业，可给予企业所得税减免或减半的优惠，以激发更多企业投资新疆边（跨）境旅游领域的热情。同时，通过信息化手段简化行政审批程序，为边（跨）境旅游企业提供更加便捷的服务环境。对于新疆“旅游两区”建设投资项目，应实行优先审批的优惠政策，加快审批速度。在资金支持方面，设立旅游产业发展基金，专项支持新疆“旅游两区”的建设与发展。在安全保障方面，从技术保障、安全监控和管理、游客安全意识培养、应急救援体系以及合作安全保障等多个方面入手，确保出入境游客的生命安全。在服务保障方面，通过个性化服务、多语种服务、便利性服务、引导性服务、投诉处理与改进以及旅游品质监督与认证等措施，提升旅游服务水平，增强游客的体验感，从而留住游客。在技术与人才保障上，推广智慧旅游技术，加强网络基础设施建设，利用虚拟现实和增强现实技术，提升旅游者的体验和便利性。同时，加强人才培养和引进工作，建立完善的旅游人才培养体系，增强对旅游人才的吸引力，促进人才的培养和发展。这些措施将共同推动新疆“旅游两区”的持续发展，为游客提供更加优质、安全的旅游体验。

三、学术价值、应用价值及社会影响和效益

“一带一路”倡议自提出以来，已成为连接亚欧非多个国家和地区的重要合作桥梁。在这一背景下，边境地区作为“一带一路”的重要节点，其旅游资源的开发与利用显得尤为重要。加强边境地区的旅游发展，不仅能够有效促进当地经济的蓬勃发展，更能提升边境地区在国际舞台上的影响力。

从学术价值来看，这一点为众多学者提供了丰富的研究素材和广阔的探索空间。在推动边境地区旅游发展的过程中，学者们可以深入挖掘这一特定区域的独特文化、深厚历史和丰富民俗等特色资源。这些资源不仅是边境地区旅游业的宝贵资产，也是学者们研究的重要对象。通过深入研究，学者们可以揭示这些特色资源与旅游业发展之间的内在联系和互动关系，为旅游学的理论体系增添新的内容和视角。例如，学者们可以研究边境地区的民族文化如何吸引游客，成为旅游的一大亮点。他们可以通过田野调查、访谈和问卷调查等方式，深入了解当地文化的传承方式、发展现状以及游客对文化的感知和认同。这样的研究不仅有助于保护和传承边境地区的民族文化，还能为旅游业提供有针对性的文化产品开发建议。此外，学者们还可以研究边境地区的历史遗迹、自然景观等旅游资源如何与旅游业相互促进。他们可以通过分析历史文献、实地考察和数据统计等方式，探讨这些资源在旅游业中的地位和作用，以及如何利用

这些资源推动边境地区的可持续发展。

除了学术意义价值外，边境地区的旅游发展也具有重要的应用价值。边境地区的旅游发展对于促进当地经济繁荣具有显著作用。随着旅游业的兴起，边境地区的基础设施建设、服务业发展以及就业机会都将得到显著提升。例如，通过建设高品质的酒店、改善交通状况、优化旅游服务等措施，边境地区的接待能力得以增强，进而吸引更多的国内外游客前来观光旅游。这些游客的到来将带动当地餐饮、住宿、购物等多个领域的消费增长，为当地经济注入新的活力。同时，边境地区的旅游发展还有助于提升国际影响力。通过举办各类旅游节庆活动、加强国际旅游合作、推广边境地区的特色文化和自然景观等方式，边境地区的知名度和美誉度将逐渐提升。这不仅有助于吸引更多的国际游客前来旅游观光，还能为边境地区的经济社会发展争取到更多的国际资源和支持。

综上所述，加强边境地区的旅游发展在“一带一路”倡议的全面推进下具有重要的学术和应用价值。未来，应继续深化对边境地区旅游资源的研究与开发，推动边境地区旅游业的持续健康发展，为当地经济的繁荣和国际影响力的提升做出更大贡献。同时，还应加强对边境地区旅游发展的政策支持、资金投入和人才培养等方面的工作，为边境地区旅游业的可持续发展提供有力保障。这些研究成果不仅有助于丰富和发展旅游学的理论体系，还能为边境地区的旅游规划和开发提供科学依据和智力支持。政府部门和旅游企业可以根据这些研究成果制定更加科学合理的旅游发展规划，提高旅游产品的质量和竞争力，促进边境地区的旅游业健康发展。

2023 年文化和旅游宏观决策课题

——一般课题

元宇宙与文化和旅游深入融合模式研究

负 责 人：杨勇
依托单位：华东师范大学
起止时间：（2023 年 4—10 月）

一、研究目的和意义

元宇宙给文化和旅游深入融合发展带来历史性机遇。但是，当前不论是在理论层面还是实践层面，对于元宇宙与文化和旅游深入融合机制的分析都还不够深入，制约了元宇宙与文化和旅游深入融合模式的形成和创新。因此，本课题的主要目的在于：一是明确元宇宙与文化和旅游深入融合的内涵、关系和现状。二是梳理总结相关理论、技术和实践脉络，借鉴先进经验，形成推进元宇宙与文化和旅游深入融合的新场景、可持续路径和模式。三是设计元宇宙与文化和旅游深入融合的政策、制度和体制机制。

本课题的意义在于：一是在理论上实现破题，建立元宇宙与文化和旅游深入融合的理论体系，延展数字经济、文旅融合理论研究的外延。二是在实践上实现突破，总结优秀经验、模式和机制，促进文化和旅游深度融合实现创新。三是在政策上提供助益，为元宇宙与文化和旅游深入融合发展这一新业态提供政策设计的参考。

二、主要内容、重要观点、对策建议

（一）主要内容

本课题通过分析元宇宙与文化和旅游深入融合的基本逻辑、路径机制、关键主体与模式，就如何推动元宇宙与文化和旅游深入融合，提出相应的政策建议。

1. 元宇宙与文化和旅游深入融合的基本逻辑、关键主体与路径机制

“人—物—场”是元宇宙与文化和旅游深入融合的最基本框架和逻辑，“Z世代”新消费群体、“万物互联”“体验场景”是该逻辑最重要的特征。推动元宇宙与文化和旅游深入融合的关键主体主要有文旅消费者、文旅企业、元宇宙服务商和地方政府四类。

元宇宙与文化和旅游深入融合的路径机制主要有三条：一是“悦人”，即重构身份系统，超越现实感知。二是“优物”，即变革资源形式，创新文旅业态。三是“建场”，即搭建应用生态，优化治理机制。

2. 元宇宙与文化和旅游深入融合模式

从“人—物—场”视角出发，元宇宙与文化和旅游深入融合的模式可被归纳为三种类型，分别是交互型文旅融合、孪生型文旅融合和原生型文旅融合，三种模式互相影响。

（1）交互型模式：张家界文旅体验补偿

交互型模式以张家界为代表性案例。张家界通过“资源建构—资源捆绑—资源撬动”的编排过程来盘活旅游资源与数字资源，经历了资源转型结构化、能力化和杠杆化的阶段性升级，实现旅游组织效能从内到外的升级，以虚实结合的方式有效补偿文旅消费者的体验感受。

（2）孪生型模式：敦煌资源数字化转型

孪生型模式以“数字敦煌”为代表性案例。敦煌利用元宇宙等数字化技术手段，实现文化资源和数字能力的动态互动发展，创造性地将文化遗产资源打造成为一系列数字文旅产品，将物理空间、虚拟空间、数实相融的文旅空间之间形成良性互动，促进文化和旅游深度融合发展。

（3）原生型模式：《原神》文旅原生场景创造

原生型模式以《原神》游戏为代表性案例。《原神》游戏通过技术基础打造空间场域，通过文化符号营造文化氛围、通过具身体验增强游戏感受，使文旅元宇宙的原生场景可建、可感、可信。

3. 推动元宇宙与文化和旅游深入融合的政策建议

推进元宇宙与文化和旅游深入融合发展，要充分利用元宇宙带来的产业发展红利，防范可能引发的冲击和风险，在制度规范、市场保障、创新升级等方面提出针对性的政策设计。为此，元宇宙与文化和旅游深入融合要坚持以人为本，明确边界与红线；回归真实价值，增强中华文化认同；培育市场主体，合力构建市场生态；推进数实深融，创新时空融合场景；创设个性场景，打造特色文旅品牌；夯实基础设施，突破关键领域技术；注重产权保护，完善发展规范体系；提高人才待遇，创新人才培养模式；加强市场监管，创造优良发展环境。

（二）重要观点

一是“人—物—场”是分析元宇宙与文化和旅游深入融合的最基本框架和逻辑，主要有“悦人”“优物”“建场”三个方面的融合路径。

二是推动元宇宙与文化和旅游深入融合，要把握好文旅消费者、文旅企业、元宇宙服务商和地方政府四方主体的关系。

三是交互型文旅融合、孪生型文旅融合和原生型文旅融合是当前元宇宙与文化和旅游深入融合的三种主要模式，模式间存在相互影响和转化的关系。

四是元宇宙与文化和旅游深入融合主要在消费体验补偿、文旅资源创造转化、场景创造等方面发挥作用。

（三）对策建议

1. 坚持以人为本，明确边界与红线

一是必须始终坚持党的领导，始终坚持为人民群众服务的价值定位与发展方向，充分尊重消费者的主体性，促进普通消费者在元宇宙与文化和旅游深度融合中的平等参与、平等建设。

二是加快文旅元宇宙产业政策的顶层设计，建立文旅元宇宙产业的标准、规范和体系。明确元宇宙与文化和旅游深度融合的边界、红线和禁区，以更好地引领文旅元宇宙产业的高质量发展。

2. 回归真实价值，增强中华文化认同

一是文旅元宇宙内容应作为增强中华文化认同的重要手段。面向国际，借助虚实相融的形式，打造文旅元宇宙版本的红色之旅、寻根之旅、文明互鉴之旅，增进民族认同、家国情怀、革命精神和奋斗精神，彰显开放气度。

二是文旅元宇宙开发需要回归真实。聚焦优秀的中华文化，警惕技术革新带来的历史虚无主义、“脱实向虚”的倾向。如设计长城、大运河、长征元宇宙文化公园，打造既有国际风范又有中国风格，既可触摸历史又能拥抱未来的中华文旅元宇宙超级场景。

3. 培育市场主体，合力构建市场生态

一是引导并培育文旅元宇宙创新主体。围绕底层技术支撑、前端设备平台、场景内容入口等方面，以“揭榜挂帅”方式，号召元宇宙服务商与文旅企业共同打造一批文旅元宇宙标杆项目，鼓励艺术家、文学家、文旅消费者等群体使用元宇宙应用进行内容创作。

二是设置“赛马机制”，鼓励文博、景区、会展、演艺、酒店、商贸等领域企业，围绕虚实交互中的“人—物—场”进行项目开发，孵化新型企业，促进文旅元宇宙行业级解决方案落地转化。

4. 推进数实深融，创新时空融合场景

一是打造全场景、强互动沉浸式体验的文旅数字孪生场景。依托文旅场所的景观和内涵，采用多元创意方式进行立体叙事，在云端平台复刻文旅行业消费、社交和游戏等场景和应用；提升场景交互性与操作性，营造虚拟文旅社区，完善数字文旅孪生空间中的气味、温度、触感的立体化、全方位模拟，激发用户兴趣并延长其注意力时长，吸引用户在虚拟空间中创造新的文旅内容。

二是深化虚拟与现实文旅场景融合共生，打造数实融合的文旅元宇宙场景。借助扩展现实、虚拟现实等技术，突出沉浸式、科技感和烟火气，加速布局落地虚实结合导览、虚拟实景拍摄、数字人主播、数字艺术品等标志性服务，形成实中有虚、以虚强实、虚实相融的文旅新场景。

三是打破文旅场所的物理界限，加快文旅元宇宙场所互通互融。将不同时空的文旅资源与创新设计表现方法相结合，设计便捷的场景体验入口和场景切换方式。引导文旅元宇宙开发回归文旅内容的文化性和艺术性，以文旅元宇宙联动、赋能新城市、新教育、新商贸等领域，延伸文旅产业链的价值。

5. 创设个性场景，打造特色文旅品牌

一是设计个性化文旅元宇宙服务语境。融合文旅元宇宙场景与大数据推荐能力，打造适配用户认知和消费习惯的个性化服务情境、内容与形式；以娱乐化、游戏化形式建立数字人社交服务平台，结合用户特征与需求提供文旅元宇宙泛社交和垂直社交设计等，吸引用户主动参与和分享，活跃文旅元宇宙服务生态。

二是打造高沉浸文旅元宇宙生活方式。将现有文旅元宇宙活动内容与日常生活场景相衔接，结合用户画像提供本地生活特色时间表与服务组合，打造适合元宇宙情境的品质文化消费；结合目的地地方特征提供有温度的情感化问答、奖赏激励、消费预订等服务，增强文旅元宇宙人文关怀，提升用户的在场感、沉浸感和愉悦度。

三是建立差异化文旅元宇宙品牌形象。各地开展文旅元宇宙建设时，要锚定地方文化与旅游资源特色，通过目的地地方特色的数字创意展示与符号化表达，将静态的共时性文旅资源转换为历时性的动态数字休闲资源，打造目的地文旅元宇宙品牌和虚拟IP形象，融入目的地文旅元宇宙服务环节中。

6. 夯实基础设施，突破关键领域技术

一是大力建设元宇宙设施设备。设置专项资金和地方配套资金，带动民间资本投向云计算、分布式存储、物联网、5G、区块链、IPv6等文旅元宇宙底层新型基础设施，加速研发头戴显示、近眼显示、互动大屏等具有虚拟现实、增强现实的文旅元宇宙硬件设备，以保障交互和沉浸式体验功能的有效实现。

二是着力突破文旅元宇宙领域的创新技术。根据目的地的地方特色，提升文旅融合的虚拟数字人技术，打造元宇宙文旅形象大使、虚拟导游、讲解员等虚拟岗位，赋能现实和虚拟世界文旅活动的多元场景需求；嫁接游戏领域的技术（如“链游”等），将游戏的趣味性和探索性等属性和沉浸体验植入文旅活动中，将精彩的故事背景和游戏体验与文旅场景紧密结合。

7. 注重产权保护，完善发展规范体系

一是构建规范文旅元宇宙发展的正式规则体系。适时修订法律或者制定专门法律，从加快完善文旅数字身份认证、数字资产、虚拟财产、数据交易、智能算法、内容生产等方面进行改善和提升，防范以数字藏品炒作、洗钱等文旅元宇宙风险，抵御国际元宇宙产业的侵蚀。

二是完善支持文旅元宇宙发展的政策体系。设立文旅元宇宙行业协会，支持企业、科研机构参与国内外标准制定，确定一批数字身份认证规范，构建共识的算法运行规则、经济系统规则、自治组织社区运行规则，为文旅元宇宙发展规划、提升创新发展水平、优化营商环境提供助益。

三是着重保护文旅元宇宙的知识产权。加强IP培育与保护，探索内容支持新模式，尤其是虚拟人、AI等主体创作的作品的知识产权保护和权益分配问题，繁荣“元宇宙+”创作者经济。

8. 提高人才待遇，创新人才培养模式

一是提高元宇宙相关专业人才待遇标准，加强国际合作与交流，吸引国内外元宇宙技术前沿人才、知名艺术文化创作者、表演者、科技企业管理人员等人才群体投身国内文旅元宇宙建设，创造有利于学科融合发展且开放包容的研究环境。

二是注重文旅元宇宙相关交叉学科的建设，着眼文旅元宇宙的数字化再现和交互领域，探索以赛育才、产学研融合模式，鼓励高校与企业联合培养元宇宙专业相关技术人才，如与米哈游、商汤科技等企业合作，订单式为社会输送专业人才，针对性地给予文旅元宇宙的人才就业、创业和技能提升等方面积极的政策支持。

9. 加强市场监管，创造优良发展环境

一是加强文旅元宇宙市场监管。其一，落实主体责任，设立“文旅元宇宙警察”，依法打击利用元宇宙进行非法交易、金融犯罪、诈骗、非法炒作文旅虚拟资产等违法行为，同时加强对产业元宇宙信息传播的监管，营造清朗的文旅元宇宙市场生态。其二，加强数据安全管理和隐私保护，要求企业及时研究并预报文旅元宇宙新产品可能出现的技术风险和价值伦理问题，由事后应急监管转向事前预防监管。其三，预防文旅元宇宙平台数据垄断现象出现，加强平台企业算法规制，防范平台企业利用算法独大、用户歧视、非法获取用户数据和隐私等现象。

二是借助社会监督渠道形成监管合力。政府和平台、企业、游客等各界主体要督导好文旅元宇宙在身份界定、行为约束和价值取向上的道德规范与秩序，通过建立信用评价机制、第三方协调机制、元宇宙社区公约和奖惩机制等，规范文旅元宇宙中的人际关系原则，从文旅产品供给者和消费者的双重主体视角避免元宇宙对社会伦理的动摇与破坏。

三是以包容审慎的态度鼓励元宇宙与文化和旅游深度融合发展。其一，地方政府应为文旅元宇宙发展创造优良的产业融合发展营商环境，通过政府补贴政策激励文旅企业与元宇宙科技企业进行合作，设立元宇宙文旅特色街区、产业园区、虚拟景区、体验场馆等元宇宙应用示范区等方式来整合资源，打造产业集聚优势，促进元宇宙与文旅行业融合发展。其二，监管张弛有度，做好前瞻布局，允许有基础、有现实应用场景的领先企业先行先试，鼓励开展跨区域、跨行业、跨平台合作与监管，在探索中出台相关产业标准和规范，制定好预防性措施。

三、学术价值、应用价值及社会影响和效益

元宇宙对文化和旅游深入融合的影响机制是当前学术研究需要回答的重要问题。本课题的学术价值在于：一是从“人—物—场”视角梳理元宇宙与文化和旅游深入融合的基本逻辑、路径机制、关键主体，为相关研究提供了分析框架。二是按照元宇宙“场景—物品”涉入文旅产业的程度，将元宇宙与文化和旅游深入融合的模式划分成了交互型、孪生型和原生型3种类型，为相关案例研究提供了类型学依据。三是通过张

家界、“数字敦煌”、《原神》等案例分析，发现了元宇宙为文化和旅游深入融合提供了体验补偿、资源创造转化、场景创造等功能，丰富了相关研究的结论。元宇宙与文化和旅游深入融合顺应了产业发展的需求和人民美好生活的需要。本课题的应用价值在于：一是本课题提出的四类主体将是推动元宇宙与文化和旅游深入融合的关键力量。二是张家界、“数字敦煌”、《原神》等典型案例分析，将为相关项目实践提供经验借鉴。三是从全局上把握我国元宇宙与文化和旅游深入融合的可行方案和实施路径，围绕虚实结合、技术和市场结合、应用技术和场景结合、标准和应用结合，兼顾技术效率和确保安全可控，提出了元宇宙正面赋能文旅产业发展、打造新应用、新品牌、新模式的政策建议。

“一带一路”文化和旅游标准化合作机制研究

负 责 人：易婷婷
依托单位：中国标准化研究院
起止时间：2023年4—10月

一、研究目的和意义

习近平总书记多次指出，统筹谋划推动高质量发展、构建新发展格局和共建“一带一路”，要把规则标准“软联通”作为重要支撑。2021年，文化和旅游部印发《“十四五”“一带一路”文化和旅游发展行动计划》，提出通过进一步深化“一带一路”国际合作，加快形成开放合作、开放创新、开放共享的世界经济发展新格局，通过加强各国政策沟通协调和规则标准对接互认，积极推进全球经济治理体系变革。2022年，中办、国办印发《“十四五”文化发展规划》进一步明确，建立健全文化产业技术标准和服务标准，参与国际标准制定，推动文化技术标准、装备制造走出去。

技术标准是可量化、可监督的规范，是优化资源配置、提高工作效率、推进治理体系现代化的工具，作为经济活动和社会发展的技术支撑，技术标准是国家基础性制度的重要方面。2021年，中共中央、国务院印发《国家标准化发展纲要》，明确标准化在推进国家治理体系和治理能力现代化中发挥着基础性、引领性作用。党的二十大报告指出，要推进高水平对外开放，稳步扩大规则、规制、管理、标准等制度型开放，推动共建“一带一路”高质量发展。“十四五”时期，面向社会主义文化强国建设，迫切需要围绕实现共建“一带一路”文化和旅游高质量发展，进一步提升区域开放联动水平，建立规范化发展的标准化合作机制。

二、主要内容、重要观点、对策建议

本课题围绕“一带一路”文化和旅游标准化合作机制展开研究。首先，通过调研梳理“一带一路”共建国家在文化和旅游领域的标准化发展现状，选取在文化和旅游领域标准化实践具有代表性的相关重点国家，包括俄罗斯、巴西、印度、南非、新加坡和土耳其，研析其标准化技术组织与标准体系建设情况，研究不同国家各利益相关方的参与途径、地位及之间的协同关系。

其次，研究我国文化和旅游国际标准化发展现状，从“构建我国文化和旅游领域分级分类多维标准结构、以旅游业为突破呈现多点开花的国际标准化格局”两方面，分析当前我国文旅标准国际化发展的总体情况，并基于国际国内发展大势、党和国家工作大局两个维度，提炼出新形势下“一带一路”文化和旅游标准化合作发展态势。

最终，在总结梳理“一带一路”重点国家标准体系共性情况之上，分析动力机制和障碍因素，考察构建标准化合作机制的内外部环境因素，探索其在性质结构、资源能力等方面的特点，探讨和分析当前形势下我国推进与共建“一带一路”文旅标准对接合作的机遇挑战。总体看，当前文旅标准“软联通”虽取得一定的进展，但仍然滞后于“硬联通”，这主要表现在各国地缘特色反映出标准化差异较大、智猪博弈下利益寻求与标准定位困境、推动文旅标准化合作的基础尚不牢固、复合型国际标准化人才依然匮乏等方面。

综合上述模块研究成果，在厘清国内外文旅标准化发展现状和趋势，并在利用我国“一带一路”标准化合作政策与平台的基础上，向相关机构和部门提供可行的策略建议。建议包含两个方面：一是构建文化和旅游国际标准化合作机制，锚定文旅领域在促进共建国家间规则标准融合的总体定位，从宏观上把握其战略发展方向；二是文旅标准国际化及合作发展策略，回应如何构建支撑“一带一路”文化旅游产业高质量发展的标准体系。具体来说，提出了以下几个方面的对策建议。

（一）构建文化和旅游标准合作机制

中国应以文旅合作的现状为基础，构建与“一带一路”沿线国家文旅国际标准化合作机制。

1. 形成多样性文旅国际标准化合作机制

中国与“一带一路”沿线国家标准体制机制的复杂性决定了中国与“一带一路”

沿线国家不可能采用统一的文旅国际标准化合作机制，而是要根据中国与“一带一路”沿线国家文旅国际合作的不同类型，形成多样性的文旅标准国际合作机制。一是应根据双方或多方文旅合作项目的标准制定能力形成不同的标准国际合作机制，标准合作以现有文旅合作项目为基础，并以修订或增加新标准是否促进了文旅合作项目的质量为标尺。二是吸收发达经济体参与文旅国际标准合作，与发达经济体的合作，不仅可以促进中国参与文旅标准能力的提升，而且可以提升文旅项目的建设质量。从中国与欧盟文旅标准合作看，可以学习欧盟标准推向国际标准的规范体系，通过完善中国标准体系，最终实现中国标准国际化的目标。三是扩大中国企业与发达国家企业共同开发文旅第三方市场，促进在文旅领域的国际标准合作，利用各自的技术和标准制定能力优势，共同参与国际标准的制定。

2. 建立促进标准互认的海外标准化示范区

积极开展中国标准海外应用试点示范工作，根据海外市场需求，不断完善文旅标准外文版体系，提升翻译质量，从发布到实施再到反馈，实现闭环管理、权威发布，明确可获取渠道，促进中外标准互认。一方面，可通过在越南、柬埔寨、老挝等东盟国家建立标准化示范区，将已经使用的中国标准转化为相关沿线国家的国家标准，并开展适应性研究，总结可复制、可推广的经验。例如，可以通过与东盟标准与质量咨询委员会（ACCSQ）和东盟国家标准化机构签署标准互认协议、制定共通标准、共同制定国际标准等形式，嵌入考虑文旅标准融合，实现合作共赢，从而推动区域经济快速发展。另一方面，可对接或协助相关沿线国制定其文旅发展战略、规划、标准体系和标准指标，将中国文旅相关技术标准的编制理念、内容、指标与所在国融合，通过国家层面签署标准互认协议的方式实现文旅领域标准间的互认。通过我国“一带一路”文化产业和旅游产业国际合作重点项目等工作，展现中国文旅标准的技术优势，争取获得国际认可，并探索与相关国家以联合制定国际标准化组织（ISO）等国际标准的方式促进标准互认。

3. 将事实标准纳入文旅标准合作的考虑范畴

主动加强与沿线国家标准化战略对接和标准体系相互兼容，强化标准与政策、规则的有机衔接，以标准“软联通”打造合作“硬机制”是首要，但也需努力提高标准体系兼容性。一方面，要针对“一带一路”倡议和有关政策制度开展定期评估和动态维护，提升顶层设计的市场适用性和灵活性，在有关国际标准化组织中适时提出符合成员国需求的标准，提高文旅国际标准提报立项率，实现我国文旅国际标准化工作从被动参与向主动引领的战略转变。另一方面，从实践来看，国际标准的制定需要通过国际标准机构的各种程序和各利益方充分交流以后才能进行发布程序，这种程序本身需要相当长的时间，并且存在不确定性。因此，在遇到现有参与方所在国标准或者国际标准无法解决的难题时，可将事实标准作为"一带一路"沿线国家标准合作方式之一。事实标准是可以被市场实际接纳的技术标准，由处于技术领先地位的企业或组织机构制定而非标准化组织制定。例如，在旅游交通领域，欧洲列车控制系统标准（ETCS）不是最早的技术标准，也不一定是最好的技术标准，只是欧盟的区域标准，但被很多国家主动采用，其主要原因是ETCS带来的互操作的市场和市场规模效应。

（二）文旅标准国际化及合作发展策略

要形成高水平文旅标准合作机制，就需要培育具有标准制定能力的行业领导者和标准化生态体系，提升中国文旅标准国际合作的能力建设，并推动标准制度型开放，可从以下几个方面考虑。

1. 加强"一带一路"文旅标准化合作机制顶层设计

落实《国家标准化发展纲要》中关于提升标准化对外开放水平的部署，进一步加强"一带一路"文旅标准化合作领导和部门协同，强化文化和旅游部、外交部、国家标准委等围绕文旅国际标准化开展部门协作，健全统一、高效的文旅标准国际化管理体系。突出发挥在我国"一带一路"文化旅游国际交流合作上的已有基础，推动专业技术标准化委员会更多、更好参与和开展"一带一路"文化旅游国际标准化工作。充分发挥标准化对促进"一带一路"沿线文化与旅游深度融合的支撑作用，形成"一带一路"文化旅游标准国际化协调有力的推动机制。

2. 拓展"一带一路"文旅标准国际化活动广度深度

积极推动将"一带一路"文化旅游国际标准化合作纳入《国家标准化发展纲要》关于实施标准国际化跃升工程的工作范畴，按照中国标准与国际标准体系兼容有关要求，支持依托文化旅游重大研究项目建设和国际科技合作，开展标准化国际交流，推动在国内文化旅游领域采用国际标准。加强标准化国际合作与交流，深度参与文化旅游相关领域国内、国外标准化组织活动，鼓励、支持、推动我国文化旅游专家或机构和"一带一路"国家的相关机构联合担任国际标准化技术机构职务和承担秘书处工作，鼓励国内文化旅游专家和实践人员担任工作组召集人或注册专家，进一步提升我国在"一带一路"沿线文化旅游国际标准化活动的贡献度和影响力。

3. 搭建"一带一路"文旅标准化合作载体和平台

构建由我国牵头的文化旅游领域国际性专业标准组织：一是聚焦我国与"一带一

路”沿线国家合作重点领域，聚焦各国共性的文化旅游基本规范和标准需求，探索建设“一带一路”文化旅游标准化合作联盟；二是发挥我国已有国际性旅游组织［例如，世界旅游联盟（WTA）等］对“一带一路”地区的标准辐射能力，通过世界旅游城市联合会（WTCF）等吸收“一带一路”沿线国家城市参与，扩展相关组织的文化旅游国际标准的制定职能；三是积极构建“一带一路”文化旅游技术标准创新基地建设等标准化技术平台，依托相关平台建设，健全覆盖文化旅游标准制定实施全过程的追溯、监督和纠错机制，实现标准研制、实施和信息反馈闭环管理，为“一带一路”文化旅游标准国际化贡献技术支撑力量。

4. 强化“一带一路”文旅国际标准化谋划和推进

持续跟踪国际与国外文化旅游标准现状及发展趋势，全面分析文化旅游相关国际标准化组织和国际性专业标准组织基本情况、标准化策略倾向、标准现状、标准制修订流程、参与方式等内容，研究国际标准制修订规律和策略。有序开展前期技术研究，推动在ISO和相关国际性专业标准组织的国际标准提案立项。制定重点参与和担任职务的国际和国外文化旅游相关标准技术组织清单，以及重点培育的国际标准和国外先进标准清单，并积极吸引“一带一路”沿线国家合作伙伴参与，在此基础上构建我国“一带一路”文化旅游国际标准发展路线图。系统梳理国外相关文化旅游国际标准，开展相关条款、指标适用性比对分析，在满足“一带一路”文化旅游国际标准化合作的前提下积极借鉴国际文化旅游相关先进标准，建立高水平的国内文旅标准生态系统。

5. 加强“一带一路”文旅国际标准化人才队伍建设

要构建多层次“一带一路”文旅国际标准化人员培养培训体系，面向沿线重点国家开展标准化援外培训项目。建立健全标准化领域人才的职业能力评价和激励机制。造就一支熟练掌握国际规则、精通文化旅游的职业化人才队伍。全力推进并积极参与国际标准化人才培训活动，培养选拔一批专业化、国际化领军人才。营造良好环境氛围。采取多种形式强化舆论宣传，及时发布政策解读，加强科学引导和典型报道，要充分利用世界旅游日、世界标准日等重大活动在国内外宣传普及“一带一路”文旅标准化合作的先进理念、知识，提升标准化意识。要充分运用好微信、短视频等新媒体，全方位、多渠道开展“一带一路”文旅国际标准化工作宣传，推送良好标准故事。

数字虚拟人赋能目的地营销创新的价值及其路径研究

负 责 人：妥艳媜
依托单位：南开大学
起止时间：2023 年 4—10 月

一、研究的目的和意义

2023 年杭州亚运会上，跨越钱塘江、点燃圣火的数字火炬人让人印象深刻。在人工智能和元宇宙概念的蓬勃发展背景下，虚拟人作为元宇宙的核心交互载体正迅速崭露头角。《虚拟数字人深度产业报告》预计，到 2030 年，我国虚拟人整体市场规模将达到 2700 亿元（量子位智库，2022）。我国在虚拟人领域积累了强大的技术实力，成功打造了多个知名虚拟人形象，并广泛应用于教育、金融、电商、传媒、医疗、文旅等领域。文化旅游产业由于其独特的文化和体验性特质，被认为是虚拟人应用最具潜力的领域之一。文旅数字虚拟人（以下简称“虚拟人”），如国博的艾雯雯、敦煌的伽瑶和长沙的星瞳，已经在博物馆、主题乐园和旅游景区等地逐渐兴起，包括虚拟导游、虚拟讲解员、文旅代言人等多种类型，展现出了广阔的应用前景，为文旅行业创新和高质量发展提供新思路、创造新空间、发展新可能。

相较于实践中虚拟人的广泛应用，学术界对这一领域的研究亟待充分展开。目前的研究主要集中在虚拟人技术模拟、交互设计和评估等技术性方面，以及虚拟人在营销中的属性特征、用户体验和品牌资产影响等微观层面；对虚拟人的研究报告更多从宏观产业角度出发，对虚拟人的应用产业、产业规模和发展前景进行梳理、展望，缺乏对具体行业的应用状况分析。虚拟人与文旅行业具有很强的交互性与契合性，在文旅领域得到了广泛应用，但关于虚拟人的系统研究和理论探讨相对匮乏。

综上，本课题系统分析了虚拟人对旅游目的地营销带来的价值创新，探索了虚拟人赋能目的地营销创新的路径机制，并提出了切实的政策建议。期待本课题的研究能为虚拟人领域的学术探索提供理论支持，并为目的地营销实践提供学理支撑和借鉴指导。

二、主要内容、重要观点对策建议

（一）虚拟人的产业应用实践分析

课题对虚拟人的文献资料和理论基础进行了系统回顾，并对国家出台的政策、各大机构发布的咨询报告进行了梳理。通过官方报道、咨询报告、文献资料、统计数据等二手资料的整理，课题对虚拟人的应用实践形成了三大认知。

（1）全球范围内中国虚拟人实践走在前列。2021 年被称为“元宇宙元年”，虚拟数字人更是站在元宇宙的市场“风口”，虚拟人在类型划分上可以被分为身份型和服务型，国外有名的虚拟人“Lil Miquela”“Te'resa”等，常常作为虚拟影响者，参与时尚娱乐活动，按照类型划分，是“身份型”虚拟人，他们往往扮演了品牌代言人的身份。在国内的发展实践中，文旅行业有大量服务型虚拟人，他们发挥着虚拟导游、虚拟讲解员的身份，这对技术提出了更高的要求，也开拓了虚拟人应用的新空间。

（2）技术要素是虚拟人实践成功的基础。中国虚拟人的市场应用自 20 世纪 80 年代起开始萌芽，“元宇宙”的提出与发展、AI 技术进步是虚拟人成为当下风口的重要原因。随着自然语言大模型的发展，虚拟人与 AI 技术接轨，虚拟人能够真正发挥“人工智能”，而智能程度是后续虚拟人竞争的重要赛道。

（3）虚拟人全方位赋能目的地营销创新。随着 AI 技术的接入与进步，虚拟人发挥的价值不仅仅是代言人。文旅虚拟人通过成为代言人、直播带货与宣传、博物馆讲解、导游与导览、IP 内容生产等功能，为文旅行业破圈营销提供新思路、创造新空间和延展新可能。

（二）虚拟人对目的地营销创新的价值研究

在虚拟人的应用实践过程中，许多虚拟人取得了成功，但也有大量的虚拟人仅仅昙花一现。案例作为重要的研究资源，剖析典型案例是探究成功案例的路径机制、实现经验推广的重要举措和有效途径。为了深入探究虚拟人的成功之路，课题对虚拟人的一系列二手资料进行了系统回顾，并选取国内外五个典型虚拟人案例，包括：数字敦煌文化大使“伽瑶”、长沙非遗文旅推广大使“星瞳”、文旅城市代言人“李未可”、国家博物馆数字讲解员“艾雯雯”、日本国家旅游局大使“Kizuna AI”，通过开展多案例研究，使用大量的网络文本资料进行深度剖析，试图探究虚拟人对旅游目的地营销带来的价值，以期使虚拟人在目的地品牌营销创新的成功案例具有可推广性。

1. 虚拟人对目的地营销创新的价值

五个案例分别就虚拟人的创作背景及发展历程、形象特征及角色功能、文旅行业的应用实践进行了系统梳理分析，在对虚拟人的发展历程有了整体把握的基础上，采用网络文本分析法，其主要数据来源于国内外社交平台上虚拟人发布的视频及相关的网络评论。一方面，对社交平台虚拟人账号发布的视频进行分析，能够从供给侧了解虚拟人传达的内容与信息；另一方面，对用户的评价进行分析，能够了解需求侧的需求、信息接受程度和感知。课题对五个典型案例的网络文本进行词频分析和语义网络分析，探究了虚拟人对目的地营销创新的价值体现，主要体现在如下五个方面。

（1）延伸文旅产业链。虚拟人可凭借其创新性、影响力、技术支持、文化输出、商业活跃度等多方面综合实力，通过构建和扩展文化产业链条，衍生丰富多彩的文化产品，在社交和娱乐中持续为用户带来新鲜体验。例如，敦煌以“伽瑶”和她的朋友们为主角创作的连续故事剧，也受到了广大粉丝的喜爱，粉丝对于以“伽瑶”为核心主体的周边、盲盒、手办、动画片、同款汉服等衍生产品表达出强烈的诉求。

（2）激发目的地和旅游者的创造性。邀请现实偶像担任城市、景区形象代言人，除了会受到合同条款、时效日期等现实条件制约之外，明星个人的变化也会对城市形象产生较大影响。随着影视行业的发展以及明星定位的转变，现实偶像与城市、景区之间的调性很可能不再一致。而虚拟偶像则不会在此方面受限，不同的城市可以在当地特殊文化与风土人情的基础上，“独家定制”属于自身的虚拟偶像。在设计过程中，融入该地特殊的民情民风、服饰特点、审美习惯，让独特的文化差异外化为虚拟偶像的自身特点。如网络评论文本中的核心关系网络“原创”“舞蹈”“编舞”“唱歌”彰显了星瞳作为虚拟人多样的创造性。

（3）构建目的地营销矩阵。虚拟人对于目的地品牌的营销不是通过简单的视频制作就可以完成的。虚拟人制作的成本已经不再是制约虚拟人发展的因素，最重要的是为虚拟人赋予灵魂，虚拟人之间的互动可以传达故事，具有更强的互动性。在大理的城市品牌营销推广中，虚拟人李未可的作用是领航，需要与其他相关者形成营销矩阵，其中包括大理自己打造的“大理元宇宙版城市大片”、其他虚拟人发布的大理视频、内容创作者的内容分享。星瞳和伽瑶同样开展了联动，两位虚拟人背后都是腾讯科技公司的支持。在当下，通过多位虚拟人的同步营销可以推动目的地品牌的流量曝光，而在后续的发展中，虚拟人之间的营销互动会为目的地品牌营销创造更多形式。

（4）功能性价值和身份性价值交叉融合。在艾雯雯的角色设定中，她扮演了一个双重而关键的角色，不仅是中国国家博物馆的数字讲解员，也是博物馆及文物的代言人。人们对博物馆文化、文物历史的高度关注，也印证了她所扮演的角色对于文化传承和博物馆宣传的巨大价值。以虚拟人艾雯雯为故事的讲述者，具有不可估量的潜力，她不仅可以激发公众对国家博物馆和文物历史的浓厚兴趣，还能推动博物馆事业的发展和传承。并且，这种双重角色设定将继续在数字时代的文化传播中发挥至关重要的作用，为更多人带来深刻的历史体验。

（5）高用户参与度和深度用户体验。Kizuna AI 通过直播和社交媒体提供互动内容，并积极与粉丝进行沟通。她的粉丝可以通过评论和聊天与她实时互动，分享有关旅游和文化的问题和意见。这样可以建立与观众良好、密切的关系，并提高观众对目的地的兴趣。Kizuna AI 广受欢迎且具有信息传播力量，她不仅在文旅产业中致力于旅游景点和文化体验的推广和普及，还充分利用虚拟角色的个性和娱乐性，向观众提供愉快的旅游体验和文化信息。Kizuna AI 的知名度在年轻一代中很高，尤其受到经常使用社交媒体的年轻人的欢迎。因此，通过她的活动，年轻一代有可能重新发现日本旅游的魅力。

2. 虚拟赋能目的地营销创新路径

基于虚拟人对目的地营销创新价值的研究，课题进一步探究虚拟人是如何赋能旅游目的地营销创新的。虚拟人是目的地品牌与消费者的接触点，与受众进行交互，并对目的地营销进行赋能。基于文旅领域虚拟人的网络文本分析结果，虚拟人从传播赋能、品牌赋能、产品赋能三个层面赋能目的地营销创新，传播赋能包括信息传播、个性服务和用户互动；产品赋能包括对产品的内容赋能、形式赋能和营销赋能；品牌赋能包括品牌认同、品牌忠诚和品牌资产等目的地品牌结果。三个赋能之间是相互关联的，虚拟人在传播路径上通过对虚拟人传达的信息产生认同和忠诚，进一步形成对目的地品牌的认同，最终形成好的品牌结果。虚拟人传递的信息通过传播赋能，基于用户的互动、共情进一步实现产品赋能，表现为对目的地创新延伸产品的认同和购买行为。产品赋能往往带来产品创新，需要与品牌具有一致性，最终实现品牌赋能。虚拟人通过目的地传播、产品和品牌三位一体的赋能，产生良好的目的地创新营销结果。

（1）产品赋能。基于目的地文化和旅游品牌创作的虚拟人本身就能成为旅游产品，在敦煌虚拟人伽瑶的案例中，伽瑶的创造完全基于敦煌文化，因此，伽瑶进行的壁画讲解、舞蹈演绎和故事动画是敦煌输出的旅游产品。除了对产品内容和形式进行赋能，赋能路径包括对产品进行营销赋能。虚拟人对产品的营销赋能始于消费者感知后产生兴趣，通过与消费者建立联系形成互动，进一步推动受众的旅游行为。

（2）传播赋能。虚拟人作为 AI，具有快速、准确且具有针对性的信息传播优势。像日本代表虚拟人 Kizuna AI 那样，通过对话回应旅游者的问题，实现用户互动，这种互动能够帮助旅游者直接提问并解决疑问。此外，知名度很高的虚拟人在信息传播时具有非常大的影响力，可以迅速成为社交媒体和在线社区的热门话题，信息也更容易传播。

（3）品牌赋能。虚拟人对文旅目的地品牌的赋能反映在行业供给和消费者需求两端。在供给方面，虚拟人的创造者可以通过对虚拟人的设定来传达目的地品牌理念；虚拟人可以加深目的地品牌身份，保持目的地品牌的竞争力和可识别性。同时，目的地可以通过虚拟人传达新的品牌理念，促进品牌的创新转型。在需求方面，虚拟人可以通过讲故事、互动来加深旅游者心中的目的地品牌形象，增强品牌认同，最终形成良好的目的地品牌资产。图 1 为虚拟人赋能旅游目的地营销路径创新模型。

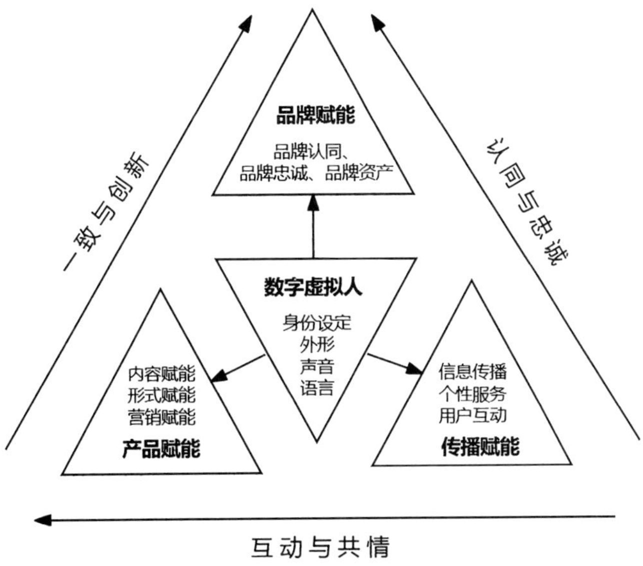

图 1　虚拟人赋能旅游目的地营销路径创新模型

来源：本课题整理

（三）推动虚拟人赋能目的地营销创新的政策建议

基于前述的研究基础，课题提出基于三类主体层面的政策建议，重点包括如下内容。

（1）国家层面，虚拟人的发展需要强有力的标准出台及政策支持。要重点推进文旅虚拟人技术研发政策，加大对交叉技术研究的支持。构建虚拟人应用标准体系，提高安全性和可靠性。培育虚拟人创新示范项目，促进产业蓬勃发展。

（2）目的地层面，目的地管理者要为虚拟人发展搭建优质平台。首先，旅游目的地应更好地与相关科技企业和高效团队合作，真正把握行业发展机遇，将政策指引、科技转化与目的地的发展结合，化目的地自身特色为竞争优势。其次，依托虚拟人强化目的地文旅特色，传播文化之“魂”。最后，延伸虚拟人产业链条，拓宽营销边界。

（3）文旅企业要致力于打造独具特色、内涵丰富、带给旅游者超凡体验的文旅虚拟人。把握细分市场，用虚拟人连接年轻社群用户。挖掘文化内涵，丰富虚拟人设计，适应文化多样性。增强虚拟人互动性，为新消费群体提供新体验。丰富虚拟人衍生内容创作，打造粉丝共创 IP。

三、学术价值、应用价值及社会影响效益

（1）科学认知和深入理解虚拟人赋能目的地营销的价值创新和路径机制。通过对虚拟人进行系统的研究，将虚拟人在我国文旅产业中的应用发展情况进行归纳总结，有望为学术界和业界提供更全面的理解，展示虚拟人在文旅产业中的潜在应用价值。这将有助于推动虚拟人技术在不同目的地和场景的广泛应用。

（2）丰富了虚拟人研究领域的理论积累，尤其是探索性地研究了虚拟人在文旅领域的应用实践及其背后的学术机制，为学术界提供关于虚拟人技术在不同领域的探讨和理论积累，为虚拟现实深度融合趋势下的新命题提供理论支撑。

（3）提出了虚拟人赋能旅游目的地营销创新路径和切实的政策建议。本课题关于虚拟人赋能旅游目的地营销创新路径的探讨将为业界提供实用的指南，揭示了如何有效地发展虚拟人以创新目的地营销策略，并通过案例类比，对未来虚拟人在目的地营销方面达成的应用成果进行预估；探索了文旅产业高质量发展的新思路，有助于文旅从业者更好地利用虚拟人技术，提高目的地营销的效率和效果，促进文旅产业创新和

高质量发展。

（4）提供系统、丰富且有深度的虚拟人案例。本课题所形成的研究报告将为文旅行业的决策者、研究人员和从业者提供丰富的实证案例和数据，以支持他们更好地了解虚拟人的实际运用情况和未来发展潜力，从而激发创新和改进目的地营销策略。

基于多源数据的城市旅游消费动态监测评估体系的构建与实践

负 责 人：林珊珊
依托单位：浙江大学
起止时间：2023 年 4—10 月

一、研究目的和意义

从“国民经济新的增长点”到“国民经济的重要产业”再到“战略性支柱产业”，国家赋予了旅游业前所未有的重要战略地位。国家（区域）宏观决策部门需要及时准确地了解旅游消费、旅游产业、旅游就业等具体状况，以及旅游经济对宏观经济运行的动态影响等。旅游经济是促进国内大循环的重要消费领域之一，是加快城市经济发展的重要增长点。文化和旅游消费在扩大国内需求中有着积极意义，然而，当前国内外有关旅游消费的研究主要集中在需求侧，缺乏对旅游消费发展状况深层次、区域化、结构性的实证评估。首先，当前研究多从总量层面，以静态视角考察旅游消费，分析层次过于单薄，缺乏对旅游消费时空动态的深入了解，决策者很难准确把握旅游市场的发展趋势和消费需求的变化；其次，缺乏对旅游消费的区域化分析，以至于无法了解区域间旅游发展的平衡状态，无法为宏观规划和资源分配提供政策建议；最后，对旅游消费结构性的评估缺乏，尤其是对消费者满意度的调查，可能导致供需不匹配和业态失衡，限制了旅游市场的发展潜力。

本课题以习近平总书记对于文旅发展、促文旅消费的多项重要指示为研究背景，旨在通过多源旅游大数据和传统旅游统计数据的融合，构建城市旅游消费动态监测评价体系的理论框架，基于多源异构数据形成覆盖食、住、行、游、购、娱等多业态的动态监测评价体系，用以实时监测并分析城市旅游消费运行情况，从而全面、系统地了解旅游消费的规模和品质。首先，本课题以动态视角分析旅游消费，这对于丰富旅游消费的动态信息，把握旅游消费的变化规律具有重要意义，为决策者提供了准确的数据和信息支持；其次，本课题通过对旅游消费进行分区域的实证评估，可以更好地理解各个地区旅游消费的特点和需求，有针对性地进行旅游资源开发和利用，促进区域间的均衡发展；再次，基于不同类型的消费业态，从供给、需求和满意度三个维度，整合多源消费大数据和传统统计数据进行实证分析，推动了供需匹配和业态多样化，其结果可为辅助政府相关部门制定旅游管理和旅游营销政策以提振消费，促进双循环，提供科学有效的量化分析工具；最后，以杭州第 19 届亚运会为契机，开展面向大型节赛事的旅游市场动态监测和预测研究，对举办亚运会为杭州城市带来的系列影响进行系统评估。

二、主要内容、重要观点、对策建议

（一）主要内容

本课题与杭州城市大脑文旅系统（由杭州市旅游经济实验室负责运营）合作，通过整合旅游消费大数据和传统旅游统计数据，构建基于多源、高频消费大数据的旅游消费动态监测评价体系。本课题从不同时空、业态维度，系统、全面地评估城市旅游消费情况。本课题包括三个专题（图 1），旨在解决大型节赛事背景下的文旅市场需求和客流预测、服务满意度评价、舆情监控和产业综合影响评估等关键问题。

专题一参照国内外同行在相关研究领域的评价指标，重点围绕与旅游经济密切相关的指标维度，通过分析城市旅游消费在不同维度上的特征开发城市旅游消费活跃度指数。该指数可分业态下设餐饮美食、购物消费、游览观光、休闲娱乐、酒店住宿、体育健身消费活跃度，可分结构下设旅游消费供给活跃度和需求活跃度及旅游消费满意度。基于旅游经济的内涵和产业特征，结合其经济作用和社会影响，专题一从影响旅游消费的推拉因素来搭建旅游消费动态评价体系，构建城市旅游消费活跃度指数。该指数基于食、购、游、娱、住、健六大旅游消费业态，考虑旅游经济供给和需求要素，同时兼顾消费者主观评价（消费者满意度），能够揭示旅游消费的经济结构，最大限度丰富旅游经济量化分析的层次。本课题采用主客观赋权法相结合，对各细项指标进行赋权，参考人类发展指数（HDI）、全球竞争力指数（GCI）以及 IMD 世界数字竞争力排名（WDCR）等全球性指数的测度方法计算城市旅游消费活跃度指数（图 2），并通过一系列相关性分析和回归分析对本课题的指数敏感性和稳健性进行检验。

专题二包括两个子研究：客流预测与预警和满意度评价与舆情监控指数开发。其中，“客流预测与预警”专题利用组合预测方法，基于大数据对亚运期间的客流量、旅游消费和逗留时间进行预测；“满意度评价与舆情监控指数开发”专题重点在于开发游客满意度评价指标体系和舆情监控指数，识别杭州亚运期间文旅市场存在的突出问题和重点景区、赛事场馆的突出短板；“综合影响评估”专题重点评估亚运会对杭州的社会和经济贡献。

专题三采集景区、住宿、交通、餐饮、零售、文娱等多业态消费数据，并集成游客的特征、消费、位置和主观评估信息，全面分析来杭游客（分观赛和非观赛游客）的赛前和赛后的微观画像和行为（意向）特征。

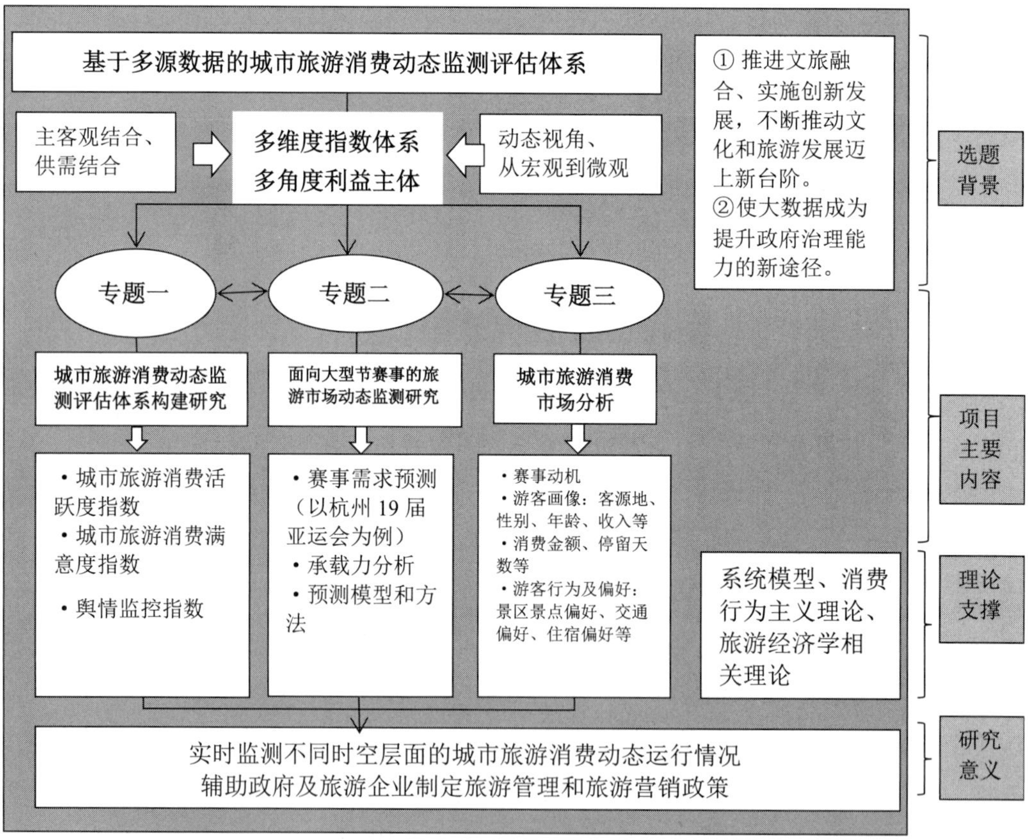

图 1　研究技术路线

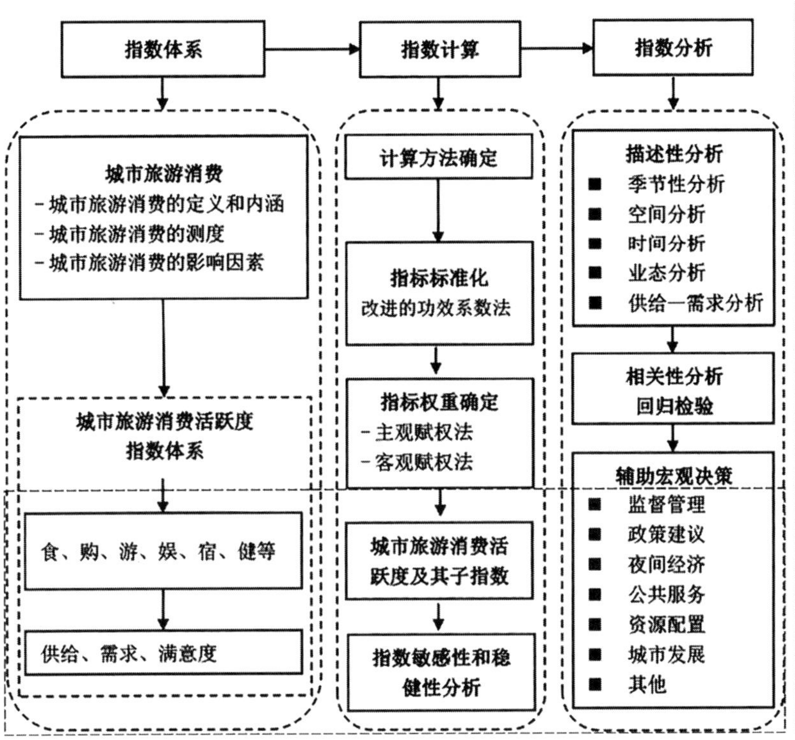

图 2　城市旅游消费活跃度指数体系

（二）重要观点

重大体育赛事往往能够有力地刺激旅游消费，杭州亚运会的成功举办为本课题提供了重要的实践背景。依托于此，本课题形成了专门的赛事专题，重点关注赛事期间的城市旅游消费规模和满意度，通过分析不同业态的旅游消费活跃度在不同时空维度上的差异，有助于评价重大体育赛事对城市经济和旅游发展的社会和经济效应。本课题的评价对象为 2019 年至 2021 年上半年和 2023 年亚运会期间杭州市及下辖 13 个县市区的旅游消费情况。

（1）旅游消费恢复能力强，消费需求逐步释放。受新冠感染疫情的剧烈冲击，2020 年杭州市旅游消费呈明显的深“V”形反弹特征，之后开始稳步恢复。杭州市旅游消费活跃度在 2020 年 7 月已恢复至 2019 年同期水平。在区县层面，杭州市绝大部分区县的旅游消费活跃度在 2020 年 7 月左右恢复至 2019 年同期水平，且在随后的月份中实现了同期相比的正增长。整体来看，2020 年西湖区、下城区、滨江区、江干区和上城区的旅游消费活跃度最高。分业态来看，2020 年滨江区的餐饮美食活跃度、休闲娱乐活跃度和体育健身活跃度最高，下城区的购物消费活跃度最高，西湖区的游览观光活跃度最高，上城区的酒店住宿活跃度最高，反映出杭州市防控复工两手抓工作取得了显著成效，城市旅游消费情况总体上趋稳向好，居民消费需求逐步释放。

（2）地区旅游消费不均衡，呈现城区集聚特征。杭州市旅游消费存在明显的地区不均衡，其下辖区县可根据旅游消费活跃度水平分为“高—中—低”三级梯队。2021 年，原上城区、江干区被划分为新上城区，原下城区、拱墅区被划分为新拱墅区。2021 年上半年，城市旅游消费高度活跃地区包括上城区、拱墅区、西湖区和滨江区，中度活跃地区包括余杭区、桐庐县、富阳区和临安区，低度活跃地区包括淳安县、萧山区和建德市。2021 年上半年，杭州市共有 7 个区县进入浙江省旅游消费活跃度前 20 的区县榜单：上城区、拱墅区、西湖区、滨江区、余杭区、桐庐县、富阳区。与 2020 年相比，富阳区是新进入榜单的，江干区、下城区的加入有力地提升了上城区和拱墅区的竞争力，助力他们跃升前二，西湖区排名由第一下降为第三。

（3）杭州全面领跑城市旅游消费，下辖区县优势各异。杭州市作为浙江省省会城市，其旅游消费活跃度以及各业态活跃度均领先省内其他城市，而其下辖县区市的旅游消费活跃情况则步调不一、各有优势。对比不同区县，上城区的餐饮美食活跃度、购物消费活跃度、休闲娱乐活跃度、酒店住宿活跃度和体育健身活跃度最高，西湖区的游览观光活跃度最高。对比同一区县，滨江区、淳安县、建德市、临安区、上城区、桐庐县和西湖区的酒店住宿消费更为活跃，富阳区、萧山区和余杭区的餐饮美食消费更为活跃，拱墅区的购物消费更为活跃。

（4）体育赛事发挥黏性效应，显著提升游客满意度。杭州第 19 届亚运会于 2023 年 9 月 23 日至 10 月 8 日召开，亚运会与中秋国庆长假叠加，杭州市城市旅游消费活跃度持续高位运行。亚运赛事对游客吸引力明显，观赛人群相较未观赛人群的平均停留时长更长，平均人均消费金额更高。且亚运赛事作为流量入口，也带动了游客向杭州市的旅游景区、度假区、街区和商圈扩散，西湖风景名胜区、西溪国家湿地公园、千岛湖风景区等成为接待游客的热门景区景点。赛事体验还显著地提升了游客的旅游体验和旅游满意度，观赛游客相比未观赛游客在住宿、餐饮、交通、购物、景点、文娱各方面均表现出了更高的满意度。

（三）对策建议

本课题围绕数据采集、评估模型和监测机制的构建与完善、旅游研究创新、新业态培育和市场治理等角度提出以下方面的对策建议。

（1）建立多元化数据采集体系。“话语千言不如数据一组”，旅游经济运行过程中，无论是宏观调控、行政监管，还是微观创新，都离不开相应的数据支撑。建立多元数据采集体系：一是要重视供需数据的结合，从供给侧来看，旅游消费数据涉及市场主体的数量与规模、市场主体的地域性和时序性分布、市场主体的多维度经营指标；从需求侧来看，旅游消费数据涵盖微观—中观—宏观三级，微观数据指的是城市一级的旅游消费规模与结构，中观数据指的是省内全部城市的旅游消费规模与结构，宏观数据指的是全国所有城市的旅游消费规模与结构，具体指标包括人均消费水平、旅游消费的时空分布及演变特征等。二是注重大小数据的融合，大数据具有海量性、快速性、多样性和低价值密度四大特征。小数据即传统统计数据，具有精确性、高价值密度等特征，探索旅游大数据与传统旅游统计结合的方向和方法，将旅游大数据作为传统旅游统计的补充性计量，可以提高大小数据的应用效能。三是关注存量数据和增量数据的糅合，通过密切关注存量数据，全面把握旅游消费的市场基本盘，通过精准识别增量数据，深入挖掘新兴旅游市场潜力。四是讲求结构数据与非结构数据的联合。通过对结构数据与文字、图片、视频等非结构化数据的联合分析，以掌握更全面、准确的结果。

（2）构建动态化评估模型和常态化监测体系。以本课题研究成果为蓝本，构建全国自上而下的统一的旅游消费监测体系，可为全国及地方文化和旅游主管部门提供可靠的市场风向标和及时的消费晴雨表，有助于主管部门掌握旅游市场的消费规律及其变化；同时，统一的旅游消费监测体系可以作为评价文旅市场发展现状和趋势的基础，为树立优秀典型，建设国家文化和旅游消费试点城市提供决策参考。为提高监测的成效，一是需要建立模型的动态校验机制，结合国家发展的战略规划与宏观政策导向，结合市场发展的阶段特征和微观理念变迁，及时对旅游消费活跃度指数中不同细项指标及所占权重进行动态调整与优化。二是建立监测的周期实施机制，通过制度化、规范化来明确城市旅游消费监测的频率及边界，基于长期监测的积累，形成书面化、纸质化监测成果及工作报告；对于节假日、寒暑假等旅游消费的关键时点，需要提前做好监测方案与响应机制，保证监测数据的连贯性与有效性。三是建立人才队伍的培养机制，建议以培训促培养的手段，从培训计划、培训对象、培训师资等方面全面提升培训效果，通过建立阶梯式培训体系，推动基层旅游主管部门举办内部旅游消费监测业务培训，鼓励从事基层旅游消费监测的人员建立互联互通机制，将个人能力转变为组织能力。

（3）加快数智化城市旅游消费治理转型。当前城市旅游消费面临着服务质量参差不齐、投诉处理机制不健全、弱势群体关注不足等制约，成为影响城市旅游消费增长的重要因素。数智化治理在旅游消费领域具有正向赋能效应，能够在游客、企业、利益相关者和行业管理者之间建立交叉互动的平台。具体措施包括：第一，通过加强嵌入式监管、全流程监管、动态性监管，规范旅游消费市场秩序，构建良好的消费环境。文化和旅游主管部门应推动旅游消费领域法律法规体系的健全和一体化旅游消费信用体系的建立，从制度层面对旅游消费行为予以约束。第二，加大旅游市场秩序整治力度，严厉打击和整治不合理低价、假冒伪劣商品、侵犯知识产权、虚假宣传、价格欺诈、泄露隐私等违法和违规行为，切实维护旅游者和旅游经营者的合法权益，着力营造安全放心的诚信消费环境。第三，加快构建多元化消费投诉处理机制和纠纷调解机制，实行及时响应、联动处置、实时反馈的投诉管理，提高投诉发生到解决的时效性，提升游客消费满意度。第四，加强旅游消费网络舆情监测，实现自动化识别舆情、智能化分解舆情传播路径，确保有关的重大舆情和负面信息早发现、早报告、早处置；同时积极组织协调有关力量及时进行舆论引导，有效疏导和控制负面舆情，消除不和谐、不稳定隐患。

（4）筑牢专业化旅游需求研究基础。一是加强政产学研的协同与互动，通过国家自然科学基金、国家社会科学基金、文化和旅游宏观决策课题等平台和机制继续发布相关研究，继续推动城市旅游消费需求的基础理论研究和应用研究以及实证分析和规范分析的研究进展。二是加强跨学科的对话与交流，立足本课题研究基础，持续推动旅游研究与经济学、统计学、计算机科学、管理学、地理学、文化学、心理学、社会学等领域的学科交叉，通过举办国内或国际、政界或学界学术研讨会、学术论坛、高级研修班等渠道搭建学术交流平台。三是加强多元方法运用与改进，通过申报典型案例和示范案例、设立创新奖项、应用试点、项目资助、人才扶持计划等方式，鼓励原创性、引领性、突破性旅游研究方法创新，服务国家和地区旅游消费高质量发展需要。

（5）促进系统化旅游消费发展规划布局。首先是调整旅游消费时间维度的规划布局，积极推动和落实带薪休假制度，鼓励有条件、有能力的企业和单位实行错峰休假和弹性作息，促进假日旅游消费；通过引导博物馆、文化馆、景区、游乐园等延长开放时间，支持有条件的城市或地区建设“24小时生活圈”，促进夜间旅游消费。其次是优化旅游消费空间维度的规划布局，通过规划商圈、文旅综合体、生活圈等打造旅游消费聚集区，放大旅游消费的空间集聚效应；通过疏通城乡之间要素流通渠道，促进“市入乡，乡入市”的双向流动，扩大城乡旅游消费协同效应。

三、学术价值、应用价值及社会影响和效益

本课题首次提出城市旅游消费动态监控评价体系，以期对新时期旅游经济发展状况进行量化评估。值得一提的是，本课题提出的旅游消费活跃度指数针对县域旅游消费进行量化评估，与当前国家要增强国内大循环为主体，提振城市经济活力的政策方针紧密结合，能够切实有效地助力城市经济的发展壮大。此外，本课题对传统旅游统计数据和旅游消费大数据进行深度融合，深耕国内外有关旅游经济的理论和概念，创新性地构建出综合、定量、动态的城市旅游消费动态监测体系。本课题采用的大数据源具有体量大、维度全、准确性高、连续性且可追溯的优点，能够与传统旅游统计数据优势互补。本课题的研究成果有助于政府部门结合大数据发展战略，推进大数据与政府统计工作融合，数字经济发展战略等对旅游经济运行进行实时监测，对未来可能影响旅游经济运行的重大变动因素和经济走向进行预测，并形成相关的政策建议。本课题构建的指数体系下设多个可独立应用的子指数，能够对旅游经济进行深层次、区域化、结构性的分析，从而及时、准确地把握地区旅游经济发展的态势，了解地区旅游经济发展的支柱和短板，从而能够科学有效地回答公共建设、城市规划和资源配置等一系列政府和人民都密切关注的重大决策问题。

文旅产业赋能国际消费中心城市建设：作用机制与实施路径

负 责 人：李康化
依托单位：上海交通大学
起止时间：2023 年 4—10 月

一、研究目的和意义

第一，围绕“国际消费中心城市”进行理论向度的考察，明确其理论基础、政策源流及内涵特征，深化对这一国家重大政策和实践命题的学理阐释。

第二，厘清文旅产业赋能国际消费中心城市的作用机制。系统回答文旅产业是“如何”对国际消费中心城市建设起到促进作用的，在锚定文旅产业自身战略定位与价值优势的同时，提振文旅产业在国际消费中心城市中的话语影响力。

第三，基于全球视野，探明世界一流国际消费中心城市的文旅属性与经验模式，为中国的国际消费中心城市建设实践提供重要参照。

第四，立足国情实际，聚焦我国首批国际消费中心城市的建设实践，分析其案例、总结其模式、发掘其问题。

第五，构建文旅产业赋能国际消费中心城市建设的路径体系并提出对策建议，有效破解国际消费中心城市建设中存在的种种现实难题。

二、主要内容、重要观点对策建议

（一）主要内容

本课题聚焦国际消费中心城市建设这一时代要务，以文旅产业为落脚点和突破口，结合文化产业学、旅游学、城市研究等跨学科优势，从理论阐释、作用机制、世界经验、中国模式、路径体系等维度系统回答好为何要赋能、赋能什么、如何赋能的“灵魂拷问”，遵从“理论—机制—范式—路径”的基本思路。首先，从理论基础、政策源流和内涵特征三个层面，对国际消费中心城市进行概念廓清，奠定课题研究的理论基调。其次，系统构建文旅赋能国际消费中心城市建设的作用机制模型，进一步厘清其中的结构维度、实现逻辑和价值效用。再次，对国际知名消费中心城市进行文旅向度的考察，探明域外经验与中国适用性；立足中国国际消费中心城市的当代实践开展案例分析，抽象出文旅赋能的中国模式，指出存在的现实短板。最后，从抽象回归具象，提出文旅赋能国际消费中心城市建设的实施路径与优化策略，进而构建出一套关于文旅产业赋能国际消费中心城市建设完整的理论解释与实践框架。

（二）重要观点

1. 国际消费中心城市的理论、源流与特征

（1）国际消费中心城市最早虽是作为政策话语出现的，却具有充足的理论依据和深厚的思想脉络。从韦伯的传统意义上的“消费型城市”到格雷泽的现代“消费城市”、克拉克的“场景”与“娱乐机器”，西方现代消费城市理论奠定了国际消费中心城市这一概念及其实践探索的理论基础。

（2）中西方消费中心城市的“出场”具有完全不同的历史语境与现实考量，导致两者的基本概念和价值立场仍有所不同。中国的当代城市实践进一步拓展了消费城市的理论内涵，创新形成了带有显著中国特色与社会主义现代化国际大都市建设色彩的消费中心理论。

（3）国际消费中心城市诞生的政策脉络大致经历了战略转型期（2008—2015 年）、概念初创期（2016—2019 年）和落实深化期（2020 年至今）三个阶段，分别呈现出以投资带动供给的弊端凸显、以消费拉动内需的战略转型、以“双循环”为统领的具体实践的战略立场。

（4）提出理解国际消费中心城市的“三重尺度”和“五个高地”：“国际”“消费”“中心”分别界定了国际消费中心城市的空间尺度、功能尺度和价值尺度，一个真正意义上的国际消费中心城市应具备全球消费市场的价值高地、全球消费内容的生产高地、全球消费品牌的集聚高地、全球消费资源的配置高地以及全球消费环境的美誉高地的基本特征。

2. 文旅产业赋能国际消费中心城市的作用机制

总体上讲，文旅产业赋能国际消费中心城市建设绝非“产业”单因素的独立作用，而是多结构文旅要素如内容、人才、技术、市场相互叠加与转化的结果。讨论文旅产业赋能国际消费中心城市建设，实际上指向的是从文旅产业链和生态链的角度切入，研究其与国际消费中心城市建设的内在关联。

具体而言，文旅产业赋能国际消费中心城市建设，主要是通过以下五个文旅产业系统实现的：

（1）内容生产系统奠定文旅赋能国际消费中心的价值基石。文旅产业的“精神性供给”能够有效优化城市的消费经济结构，更加强调创意、技术的介入以及象征意义的传递。

（2）空间再造系统提供文旅赋能国际消费中心的场景载体。首先，文旅产业将直接影响国际消费中心的景观形态与空间结构，创造出新的城市消费空间或文化景观，拓展城市消费空间建设的广度。其次，文旅产业能够促进城市闲置空间和旧有空间的创造性转化，深度激活城市空间潜能，开掘城市消费空间的深度。最后，文旅产业还将深刻塑造城市消费空间的文化性格，凝聚场所精神，为城市消费空间增添温度。

（3）要素供应系统塑造文旅赋能国际消费中心的创新生态。“技术融合、人才聚合与平台整合”是文旅产业赋能国际消费中心城市创新生态建设的三条主要路径，逐渐形成了以技术为支撑、以人才为核心、以平台为依托的国际消费中心城市创新生态圈。

（4）市场环境系统凝聚文旅赋能国际消费中心的核心驱动力。统一开放、竞争有序的现代文旅市场体系为国际消费中心城市建设提供重要支撑。文旅市场主体彰显国际消费中心城市生产新活力，企业经营环境构建国际消费中心城市服务新效能，文旅消费环境塑造国际消费中心城市市场新口碑。

（5）政策制度系统擘画文旅赋能国际消费中心的战略图景。就当前文旅产业政策体系而言，与国际消费中心城市建设直接相关的战略包括文旅消费战略、区域协同战略和对外开放战略，三者从本体、对内和对外三个维度，擘画文旅产业赋能国际消费中心城市建设的战略图景。

总之，内容生产与空间再造体现出文旅行业的特殊性，不仅能够激活城市消费、拉动经济增长，还能够从形象塑造、品牌传播、空间重塑等维度提升消费中心城市的“软硬双轮驱动力”，形成了文旅赋能的价值再生机制；文旅产业的要素供应与市场环境紧密相连，形成文旅赋能的市场运行机制；文旅产业的政策制度系统成为国际消费中心城市建设的政府保障机制。

3. 文旅产业赋能国际消费中心城市的全球经验

（1）纽约、伦敦、东京、巴黎四座城市既是全球公认的国际消费中心城市，又是全球最具魅力的文化旅游目的地，二者之间存在明显的正向关联。

（2）全球知名国际消费中心城市具有“四位一体”的文旅属性，指向全球化优势显著、消费功能主导、区域地位突出、基础条件优越四个层面。

（3）主体、客体与环境是世界知名国际消费中心城市实现文旅升维的“三大抓手”，分别对应扩大消费者的文旅消费需求、提供优质的文旅产品与服务、塑造优良的消费硬环境和软环境。

（4）全球视野下，文旅产业赋能国际消费中心城市应特别注重有为政府与有效市场的结合、城市原真性文化的保护与传播，在强调人才与创新要素的重要性的同时，积极应对未来城市的治理难题。

4. 文旅产业赋能国际消费中心的中国模式

（1）首批五城已经形成了特色鲜明的文旅赋能模式。上海着力打造“文商旅中心”、北京力争建设“文化名城”、广州着眼于“华南门户”、天津聚焦“市井味”与“国际范”、重庆则突出“网红不夜城”的定位。

（2）我国逐渐形成以政策机制为引导、以城市文化为底色、以消费产业为核心、以市场资源为依托、以国际化为目标的文旅产业赋能国际消费中心城市建设的中国模式。

（3）我国文旅产业赋能国际消费中心仍存在一定短板，体现在对国际消费中心城市存在认知误区、对文旅产业的载体功能缺乏一致共识、文旅赋能的国际化水平有待提高、文旅赋能的城市消费结构有待优化、文旅赋能的社会性参与空间有待发掘五个方面。

（三）对策建议

报告重点关注文旅产业赋能国际消费中心的方法与路径，提出包括“新思路”“新机制”“新消费”“新模式”“新环境”“新视野”在内的六大对策建议。

（1）树立从消费中心到文旅消费中心的“新思路”。国际文旅消费中心城市是对国际消费中心城市的具体化和专门化，有助于推动文旅产业从“单点型赋能”迈向“整体性建构”新阶段，以“自主性”的姿态实现文旅产业的跨领域互动。此举不是说将文旅产业摆到“舞台中央”、其他产业就“退居幕后”，而是强调将文旅产业真正纳入国际消费中心城市的政策话语与战略系统中来，实现国际消费中心城市的话语更新。

（2）完善文旅产业赋能国际消费中心的“新机制”。发挥政策的引领和带动作用，适时出台行动计划与实施方案，明确文旅产业在国际消费中心培育过程中的基础定位、总体目标、重点任务和保障措施；针对文旅赋能存在的突出短板和关键环节制定专门政策；组建城市联盟、建立机构协商平台，有效应对消费中心城市的“多头管理”；明确评价标准、搭建指数发布平台，有效避免消费中心和文旅产业的“野蛮生长”。

（3）瞄准文旅“新消费”的五个着力点。其一，文旅新内容增添国际消费中心的文化张力。城市文旅产业应主动减少对土地、建筑、厂房等物质空间的依赖，转向以活动、内容和体验为核心的内涵式增长，即从“看得见的”消耗，转向“看不见的”生产阶段。其二，文旅新技术提升国际消费中心的数智驱力。数据成为文旅行业的关键引擎。以“大数据＋云平台”为抓手，支持由统计局牵头筹建集全面采集、智能分析、专业研判和标准化运营于一体的文旅产业统计监测平台。其三，文旅新业态发掘国际消费中心的潮流引力。深入分析研判文旅消费的“仪式感”“户外性”“反向游”“国潮热”等前沿趋势，开发多样态的文旅融合型体验产品。其四，文旅新场景塑造国际消费中心城市的价值合力。积极推动现有文旅场景实现主题植入与业态升级，以“文旅＋科技”融合实现城市空间的结构优化与功能重组，培育网红城市地标。其五，文旅新生活凝聚国际消费中心的社会活力。文旅消费正在成为一种有创意的生活方式，应着力提升城市文旅产业与市民生活的“贴近度”和对繁荣城市消费的“支持度”，以“眼光向下”的方式满足公民真实的文化需求。

（4）构建文旅超级 IP 赋能消费中心的“新模式”。一是提高城市的“可辨识度”。通过文化解码与文化数字化，建设城市文化和美学基因库，打造城市超级 IP 矩阵，实现在旅游宣传、景区识别、文创衍生、媒体传播等领域的广泛应用。二是“贩卖”城市形象。创意设计是实现文旅资源从物质资本向创意资本转变的关键，通过“招募—合作”的方式与专业的文创、设计企业对接，重塑城市文旅 IP 形象。三是构建立体式城市营销体系。线上积极建立“自有”新型媒体传播矩阵，打造每个城市的“发声筒”；线下建设多样的品牌体验店、快闪店等消费平台，实现线上线下的互动引流。

（5）营造优质的城市文旅消费“新环境”。改善城市居民收入环境。聚焦收入水平、收入分配与收入稳定性层面，严格落实税收调节、转移支付、带薪休假和弹性工作制度。优化文旅企业营商环境。为世界知名文旅企业提供便利的配套设施与服务、资金支持体系，加强对文旅企业的知识产权保护力度。完善居民文旅消费环境。持续优化和改善文旅基础设施和公共服务，加快建立全国统一的文旅大市场，加强文旅市场监管，极力防止游客“尽兴而来，扫兴而归”现象的发生。

（6）拓展文旅产业赋能国际消费中心的“新视野”。一方面是从“引进来”向“留下来”与“活下去”迈进。针对国际游客市场开发更具地方特色的文化消费产品、提供更舒适的文化消费环境与更便捷的文化消费服务；加强文化创意、科技创新等高端产业领域的合作，打造具有国际影响力的品牌项目；完善城市基础设施建设、公共服务和营商环境，降低国际消费中心城市生活成本；加强对文旅人才的教育培训和职业发展规划，提高从业者的专业技能和综合素质，形成优良的人才储备生态。另一方面是实现从“走出去”向“走进去”和“走上去”的跨越。扎实做好文旅产业赋能国际消费中心城市的形象传播工作，着力从符号层和物态层的“表面故事”的讲述，进入精神层和理念层的价值观生产与传播层面；不断推动文旅产业与国家对外开放重大战略和国际文化政策相结合，与国际组织、机构、平台建立合作关系，扩大国际消费中心城市的“全球朋友圈”。

三、学术价值、应用价值及社会影响和效益

本课题有利于打通文旅产业与国际消费中心城市建设之间的逻辑链条，构建两者之间的战略联系，在有效拓展国际消费中心城市的理论视野的同时，推动议程设置走向聚焦。目前，我们非常缺乏能够引领和指导未来一段时间国际消费中心城市建设的系统理论，文旅作为当今最具活力与创新动能的产业，不妨作为破题之“道”。只有抓住文旅产业这个国际消费中心城市建设的“牛鼻子”和“硬骨头”，构建切实可行的实施路径体系，才能让国际消费中心城市建设不再是模糊的价值理念与政策话语，从抽象层向具象层落实——这既是文旅行业的自觉，也是特定时代的感召。

数字文化消费的法律保障机制研究

负 责 人：潘俊
依托单位：西南政法大学
起止时间：2023年4—10月

一、研究目的和意义

在理论层面，研究对合同成立、合同生效、合同类型、民事责任形式等传统规则进行反思、更新和发展，有利于衔接《个人信息保护法》《消费者权益保护法》《未成年人保护法》等法律规范的理解；推动基本权利“文化权”的实现，打通数字资源，保障消费者在同等条件下享有平等的文化参与权，实现中华文化数字化成果全民共享。

在实践层面，统一数字文化消费的司法裁判标准，解决数字文化产品与服务消费纠纷，保护数字文化消费者的权益，有利于《最高人民法院关于审理网络消费纠纷案件适用法律若干问题的规定（一）》等规范的适用；激发数字文化消费活力，培育数字文化消费新业态，规范网络文化市场秩序，有利于推动互联网文化产业持续、健康、良性、有序地发展。

二、主要内容、重要观点、对策建议

（一）主要内容

1. 数字文化消费的重要性

随着科学技术的不断发展和广泛应用，网络游戏、网络音乐、网络动漫、网络直播、网络文学等新兴文化业态应运而生，云演出、云展览等沉浸式、体验式、互动式的消费场景化体验也相继产生，形成了数字文化消费这一新型消费形式。消费者可以通过各种数字平台获取文化产品和服务，数字文化消费逐渐成为文化消费的主要形态，迸发出强大的生命力和发展潜力。数字文化消费是文化的现代化发展，既能通过消费带动数字经济的发展，也能为国家全面现代化提供精神动力和价值支撑，已成为国家战略层面的重要内容。

2. 数字文化消费的特殊性

数字文化消费是对传统文化消费进行的数字化升级，是数字技术在文化消费领域的运用与发展，融合了文化的数字化和数字的文化化。文化的数字化强调数字技术作为文化的载体，体现了技术变革引发的文化发展变迁。数字的文化化则是为数字技术注入文化这一内容，展现了数字技术的具体应用场域。文化的数字化并非就是将文化内容简单互联网化，而是提炼有效内容，不断满足社会发展下人们的精神生活需求。因此，数字文化消费的发展映射了文化的不断发展，能够满足人们日渐增长的精神文化生活需求，也能加强文化交流，有助于打造自信繁荣的数字文化。不同于其他行业的数字化发展，也有别于传统的文化消费，数字文化消费具有典型的数字性、文化性和多样性。数字性包括消费环境与消费形式的数字化，文化性则指向文化产品或服务来满足人们的精神需求，具有一定的符号象征意义。多样性则涵盖了消费主体、消费模式以及消费性质的多元化。

3. 数字文化消费的契约性规范

数字文化消费通过在线方式进行时，经营者和消费者以网络为媒介在虚拟化的环境中完成交易。因为网络的虚拟性，判断对方的行为能力、责任能力比较困难，这会直接影响消费行为的法律效力认定，特别是未成年人实施数字文化消费。数字化催生了大量用于交付数字文化内容的新商业模式，也促使越来越多的经营者通过点击合同、浏览合同等提供数字文化产品或数字文化服务。这些订立合同的新模式往往以格式合同、格式条款的形式存在，虽减少了缔约成本，简化了缔约流程，但也毫无疑问地压缩、限制了消费者的真实意思和合法权益保护。以超前点播为代表的单方变更合同，更是直接侵害了消费者使用数字文化产品或服务的合同权益。在数字文化消费条款同质化、再标准化背景下，提供数字文化产品或服务当事人身份的变化为格式条款的制定、变更注入“权力”，进而超越合同法范畴而呈现一定的“垄断色彩”，难以通过现有合同规范予以规制。

4. 数字文化消费内容的规制

文化市场中提供的同质化、低层次文化产品与服务过剩，不少经营者提供网络虚假信息、色情低俗内容甚至恶意营销，具有高端品质、独特创意和深度体验的高附加值文化产品稀缺，难以满足人民群众日益增长的多样化、多层次、多面向的精神文化需求。数字文化产品有“一次消费用尽”和“感性评价”等特殊属性，导致数字文化产品的质量评判较难认定，某种程度上加剧了数字文化内容的良莠不齐。“以产品为中心”到“以用户为中心”的转化背景下，数字文化内容消费的多样化、个性化、即时化等特征更加凸显，加剧了判断数字文化内容瑕疵的难度。买卖合同的所有规则基本是以有形实体物、所有权转移为核心构建的，质量瑕疵担保责任制度的设计和适用主要围绕有体物展开，数字文化消费只涉及无形数字内容的使用权，导致传统的瑕疵判断标准无法完全适用于数字文化消费。

5. 数字文化消费者权益的保护

数字文化消费中消费者的地位更加微弱，具有“数字技术”和“交易信息”的双重不对称特点，对于所缔结的合同几乎毫无控制力，获得有效信息的限制被进一步扩大，权益“缩水”甚至权益丧失现象频发。伴随数字经济的快速发展，消费过程中非法收集、买卖、使用、泄露个人信息等违法行为日益增多，严重侵害了人民群众的人身和财产安全，影响了社会经济正常秩序。大数据杀熟也是数字文化消费规制的对象之一。现有《消费者权益保护法》《电子商务法》《个人信息保护法》等虽为消费者权益提供了多维度保护，但都忽略了数字文化消费者的特点，缺乏针对性。

6. 数字文化产权界定与保护

数字文化产权是指在数字化环境下产生的知识、创作和创新成果的权利，包括了数字内容的著作权、表演权、录音制品权等。对于如何确定数字化文化的产权归属、利用、转化，一直存在争议。经过数字化的文化资源，如讲述历史的音频、设置的文化影像、虚拟化的文物图像等，包含了人力、智力、技术和设备的投入，某种程度上具有更强的私权归属，其知识产权界定还需进一步明晰。在数字文化消费中，公共文化的产权如何确认，如何构建全国文化大数据交易体系以解放文化数字化生产力等有待深入。

（二）重要观点

（1）数字文化消费的“数字技术不对称”“信息不对称”，无法通过信息披露制度予以解决，而应回到当事人以及消费内容的特性，考虑引入信义义务进行规范。在信任基础上，对弱势一方的赋权更应是一种程序性权利的赋予，而非刚性权利。

（2）数字文化消费内容的规范上，既要在微观上明确瑕疵判断标准，也要在宏观上协同多方力量在事前、事中、事后完成内容综合监管，构筑数字文化消费治理共同体。判断数字文化内容瑕疵时，主观标准具有绝对的优先适用地位，客观标准因数字内容的多样化、差异化实际难以达到“通常标准”，而需借助消费者的“合理期待”。

（3）数字内容消费的权利结构和救济体系必须考虑数字文化消费的特殊性，结合现有买卖合同规则，区分不同性质、不同用途的数字文化产品或服务，灵活适用损害赔偿、退换货等民事责任以及对应的证据规则、公益诉讼。

（4）数字文化消费者不再是传统的消费者，而演变为算法消费者。提供数字文化产品或服务的当事人不仅要履行符合约定、法定的数字文化内容等通常意义上的主要合同义务，还应保护消费过程中收集到的个人信息、隐私等，同时负担了公法、私法性质的义务。

（5）只有明确数据权利归属才能为文化数字化战略的实施提供产权基础，才有数据的授权交易和市场化的权利流转，才能最大限度激发文化数据资源价值。厘清原始文化、文化数字化成果与后期混合数字化成果的关系，确定原始成果先保护的原则，明确侵权损害赔偿制度，建立数字文化产权分类保护体系。

（三）对策建议

1. 体系化规范数字文化消费的法律效力

数字文化消费并未对应具体的典型合同，而呈现出混合性契约的特点，不应定位于单一的合同类别。虽外化为“购买”，但数字文化消费的实质在于获得相应的使用权益，而非所有权。判断数字文化消费的法律主体，原则上应坚持网络实名制，未成年人消费时该制度失效才综合考虑账户注册信息、未成年人的群体消费特征，同时结合网络交易的特点、日常生活消费概念的发展、消费行为的整体性等认定消费行为是否与未成年人年龄、智力状况、精神状况相适应。对于双重不对称可能带来的不公平，考虑引入信义义务进行规范，并通过《反垄断法》第 13 条有关反垄断协议的认定调整同质化、标准化的消费格式条款。

2. 严格监管数字文化消费内容

对数字文化消费内容的准入范围进行监管，协同多方力量构建事前审查与事中、事后全链条监控，探索建立负面清单管理模式，并对有价值的数字内容产品和服务给予相应支持。在消费内容上，既要推动传统文化的数字化发展，也要积极回应市场的客观需求打造新型文化内容，需统筹线上线下的发展，力求以线下推动线上、线下与线上相融合，通过数字化场景推动整体的文化体验。至于具体的瑕疵，应注意数字内容合同中的瑕疵指向的不是“数字”本身，而包括数字内容以及数字内容与数字环境的结合，因此数字文化内容应当满足相应的质量、数量、功能性、互通性、互操作性等，进而优先适用主观标准。主观标准指向当事人约定，可能是对交易标的物质量等作出了明确规定，也可能只是就交易目的达成一致意见。客观标准通常指向同种类标的物通常性、通行性的标准。

3. 全面构建数字文化消费者权益救济体系

现有法律规范主要关注有形商品和无形服务中的消费者保护，应当针对数字化内容消费特点而设计新的保护条款，确保新型法律关系下当事人权益的全面保护。基于技术的发展、政策的变化以及当事人权益的保护，赋予交易一方当事人单方变更权，在必要时对交易内容、交易价格以及其他事项进行更改，具有一定的正当性和合理性。当事人单方变更提供的数字文化产品或服务时，应当区分具体变更内容考察是否存在《民法典》第543条的合意变更。在责任形式上，数字文化消费应当增加损害预防性责任，而非停留于救济性责任。同时，基于信息不对称、地位不平等以及维权成本高等特点，区分公益责任和私益责任，避免赔偿真空区和重复赔偿。适用同一种民事责任形式时，应当注意不同数字文化产品或服务带来的影响。此外，强化证据规则，发展公益诉讼。

4. 加强数字文化产权的确认与保护

厘清原始文化、文化数字化成果与后期混合数字化成果之间的联系和区别，构建文化数字技术、文化数字成果、文化数字资源的分级、分类保护体系，保护文化数字化成果的知识产权。对数字文化消费中的数据生成主体、管理主体等分别设置不同内容的权利，特别是公共文化资源数据的确认、保护与开发、交易。在数字文化消费中，“支付——获取内容”与“支付——获得访问权限”的交易模式并存，消费者取得的权利性质有所不同。作为我国文化领域的基础性法律，《文化产业促进法（草案）》继2019年公开征求意见后又被纳入2021年度立法工作计划，至今尚未通过。可以考虑增加“文化数字化”，对文化数字化发展的基本原则、政府职责、企业义务、公民权利等作出规定，明确文化数据产权归属、文化数据收益分配、文化数据开放共享等实践中争议较大的问题。

三、学术价值、应用价值及社会影响和效益

公开发表课题研究相关的学术论文，集中讨论了在数字文化消费过程中未成年人实施文化消费行为时的效力、提供数字文化产品或服务的当事人单方变更合同的效力、体育赛事相关知识产权的保护与规制等问题，为数字文化消费中的具体法律问题提供了理论参考资料。

系统梳理了数字文化消费法律保障的现实性困境，并提出对应的建议，形成了较为完整的研究报告，并通过论证交流会，进一步构建数字内容交易的一般理论与规则，完善瑕疵担保责任、强化格式条款规范、发展典型合同规则、更新消费者保护理论，一定程度上推动数字文化消费法律规范的革新与适用。

以文化的数字化发展为主线，研究既有对数字文化消费涉及法律问题的理论分析，也有相应规范制度运行实践状况的考察，既有从宏观层面剖析数字文化消费的战略性地位，也有从微观上反思数字文化消费的权利结构、内容瑕疵、救济体系等，有利于培育积极健康的数字文化，弘扬社会主义核心价值观，助力数字经济发展。

从数字鸿沟到数字包容：老龄化背景下旅游公共服务数字化提升路径及机制研究

负 责 人：姚延波
依托单位：南开大学
起止时间：2023 年 4—10 月

一、研究目的和意义

（一）研究目的

以高质量发展战略思想为指引，以弥合旅游公共服务老年数字鸿沟为目标，探求旅游公共服务老年数字融入的路径，并构建老年数字鸿沟弥合机制，引导创建数字包容型旅游公共服务体系，实现旅游公共服务数字化服务的跃升，助推旅游公共服务高质量发展，使民生福祉达到新水平。

（二）研究意义

1. 理论意义

通过梳理旅游公共服务数字融入困境，探究老年数字鸿沟影响因素作用机制，系统构建公共服务老年数字融入路径，能够为破解旅游公共服务老年数字鸿沟提供理论参考，并且能够丰富数字包容、适老化相关研究，对老年游客特殊性、数字鸿沟等理论研究形成补充，同时也是对旅游公共服务高质量发展理论研究的深化。

2. 实践意义

通过多方调研探索“多主体、多阶段、多路径”的旅游公共服务数字融入路径，能够有效解决数字鸿沟困境，提升数字服务的平等性、共享性、可及性，着力为人民提供更有效率、更加公平的旅游公共服务体系，引导形成旅游公共服务高质量发展的新格局，是对党的二十大报告中提出的“建设数字中国”战略目标及《关于加强新时代老龄工作的意见》倡导的“推动老龄事业与产业、基本公共服务与多样化服务协调发展”的积极响应。

二、主要内容、重要观点、对策建议

（一）主要内容

1. 探明数字鸿沟：识别旅游公共服务老年数字鸿沟及影响因素（发现问题）

系统梳理国内外数字鸿沟、旅游公共服务质量和老年数字包容的相关研究，以数字鸿沟理论的“接入、使用、知识”三个方面为框架，全面分析老年数字鸿沟在旅游情境下的特殊性，厘清旅游公共服务中老年数字鸿沟的具体内涵和表现。运用深度访谈法对“需求端”老年游客进行访谈，通过扎根理论全面、系统地识别旅游公共服务中老年游客数字鸿沟类属及影响因素。

2. 解析融入困境：探究旅游公共服务老年数字鸿沟影响路径（分析问题）

基于复杂性理论从需求侧探讨旅游公共服务老年数字鸿沟的因果前置（影响因素）和数字鸿沟之间的关系。通过面向老年游客的问卷调查获得一手数据，探究各影响因素对数字鸿沟的影响路径，最终明晰旅游公共服务老年数字鸿沟影响因素的作用机制，综合提出优化旅游公共服务老年数字融入的路径。

3. 实现数字包容：旅游公共服务老年数字融入路径及数字鸿沟弥合机制（解决问题）

采用专家访谈法对供给端相关利益主体进行访谈，整合供需双方视角，构建数字鸿沟的弥合机制，实现从传统的旅游公共服务“通用型改造模式”到更具针对性的“因地制宜高效模式”的转变。

4. 反哺旅游实践：旅游公共服务数字鸿沟破解对策（提出方案）

以数字鸿沟弥合机制为基础，从实践层面进一步探究旅游公共服务实现数字包容的主要障碍。基于此对症下药，根据不同阶段旅游公共服务发展的特点，结合不同路径的适宜性，提出资源限制下促进旅游公共服务数字包容发展的最优路径，制定出切实可行的提升对策。本课题沿具体技术路线如图 1 所示。

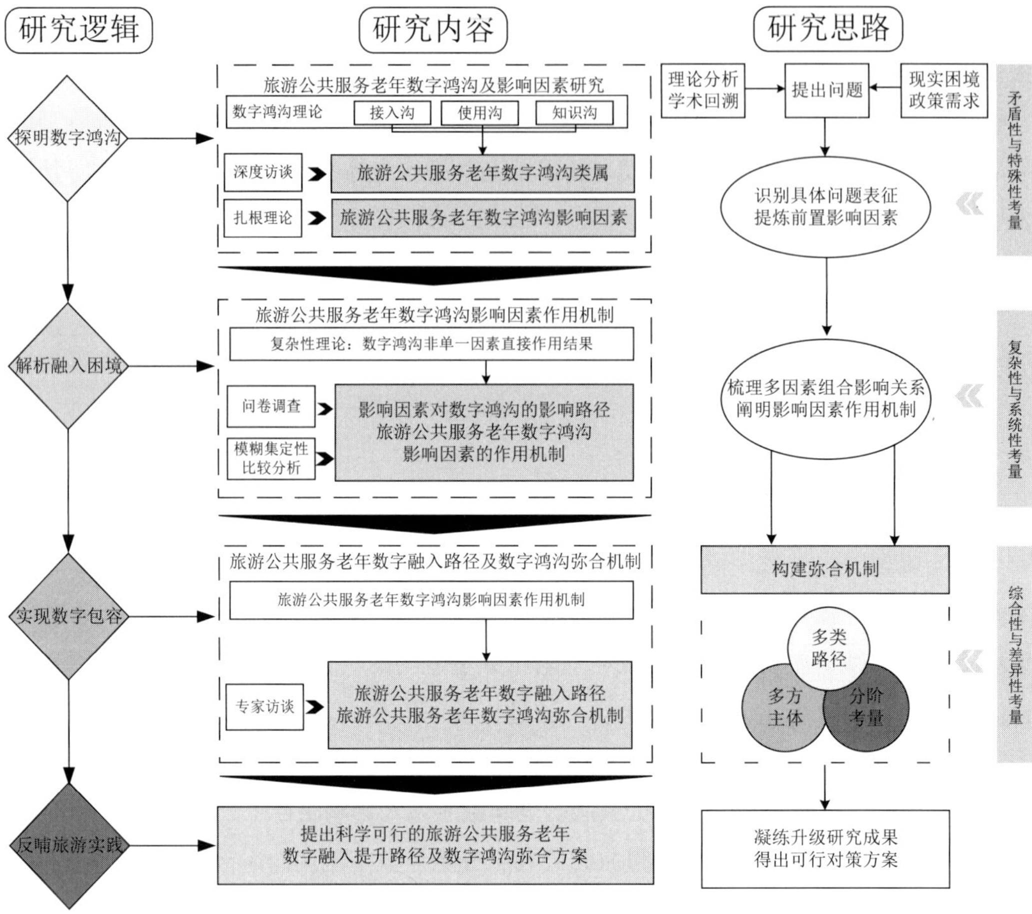

图 1　研究技术路线

（二）重要观点

1. 旅游公共服务老年数字鸿沟表现

旅游公共服务老年数字鸿沟的表现符合数字鸿沟理论，接入沟属于基础设备端（表现为老年游客因为缺乏基础设施，或未能接入互联网，导致其无法使用旅游公共数字服务），使用沟属于技能端（表现为老年游客由于自身能力限制，对旅游公共服务数字信息获取和使用存在困难），知识沟属于综合使用能力端（表现为老年游客对旅游公共数字服务存在认知不足或认知偏差），三者层层递进，最终形成了旅游公共服务老年数字鸿沟。具体表现形式如图 2 所示。

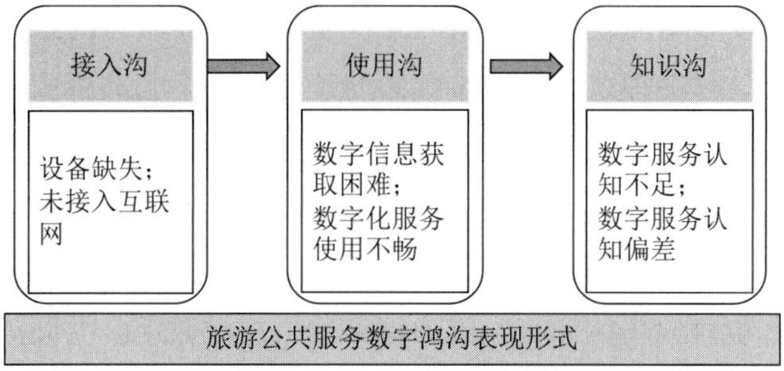

图 2　旅游公共服务数字鸿沟的表现形式

2. 旅游公共服务老年数字鸿沟的影响因素

老年游客在旅游中，基于旅游公共服务数字服务的客观特性，老年人感知易用性、感知情感支持性、感知服务有效性使得老年游客面临着旅游公共服务数字服务老年鸿沟。加之处于旅游情境这一客观特性下，激发了老年游客独特的旅游情境下的数字参与、旅游非惯常环境适应性，使得老年游客的数字鸿沟受到影响；同时，在主观上，老年游客自身的主观条件，个人的技术信任、网络自我效能感觉、学习热情、数字反哺、数字素养使得老年游客表现出不同的老年游客属性，进而塑造了自身的旅游公共服务老年数字鸿沟。具体影响因素模型如图 3 所示。

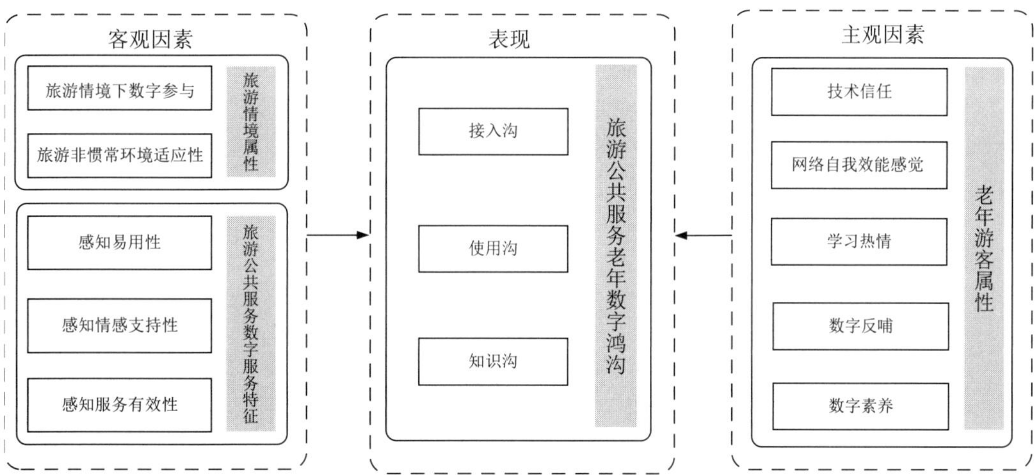

图 3　旅游公共服务老年数字鸿沟影响因素模型

3. 旅游公共服务老年数字鸿沟的影响路径

基于组态视角分析旅游公共服务老年数字鸿沟的影响作用机制，共产生六条路径，按照核心影响条件的不同可以将其归为三类模式：

（1）易用性驱动参与路径模式。核心条件为老年游客具有高感知易用性与低旅游非惯常环境适应性。这一模式老年游客更倾向于关注旅游公共服务平台能否为其提供简单、便捷的服务，也会更倾向于关注旅游数字公共服务的质量、权威性、有用性等方面的作用。

（2）自主学习适应路径模式。核心影响条件为高网络自我效能感和高学习热情。这一模式老年游客更倾向于关注自身能力能否适用旅游数字公共服务，并且是否有足够的学习热情去学习相关内容，以及旅游公共平台提供的数字化服务能否为其提供有效服务和情感支持，这样才会触发老年游客的数字融入。

（3）数字化平台全面参与路径模式。核心条件为高旅游情境下数字参与和低数字反哺。这一模式老年游客无论是包团游还是自助游都不影响其参与的自主性，但需要主要是数字反哺的方式，授人以鱼不如授人以渔，而不是直接代劳。

4. 旅游公共服务老年数字鸿沟弥合机制

将供给端提到的三种解法（做加法，提供数字包容型旅游公共服务；做减法，推动老年游客掌握数字服务应用；做乘法，融合生活服务与旅游数字服务）与需求端归纳的三条路径模式进行动态匹配，搭建“数字鸿沟为始端，数字融入为过程，数字包容为结果”的桥梁，构建了旅游公共服务老年数字鸿沟弥合机制。具体如图 4 所示。

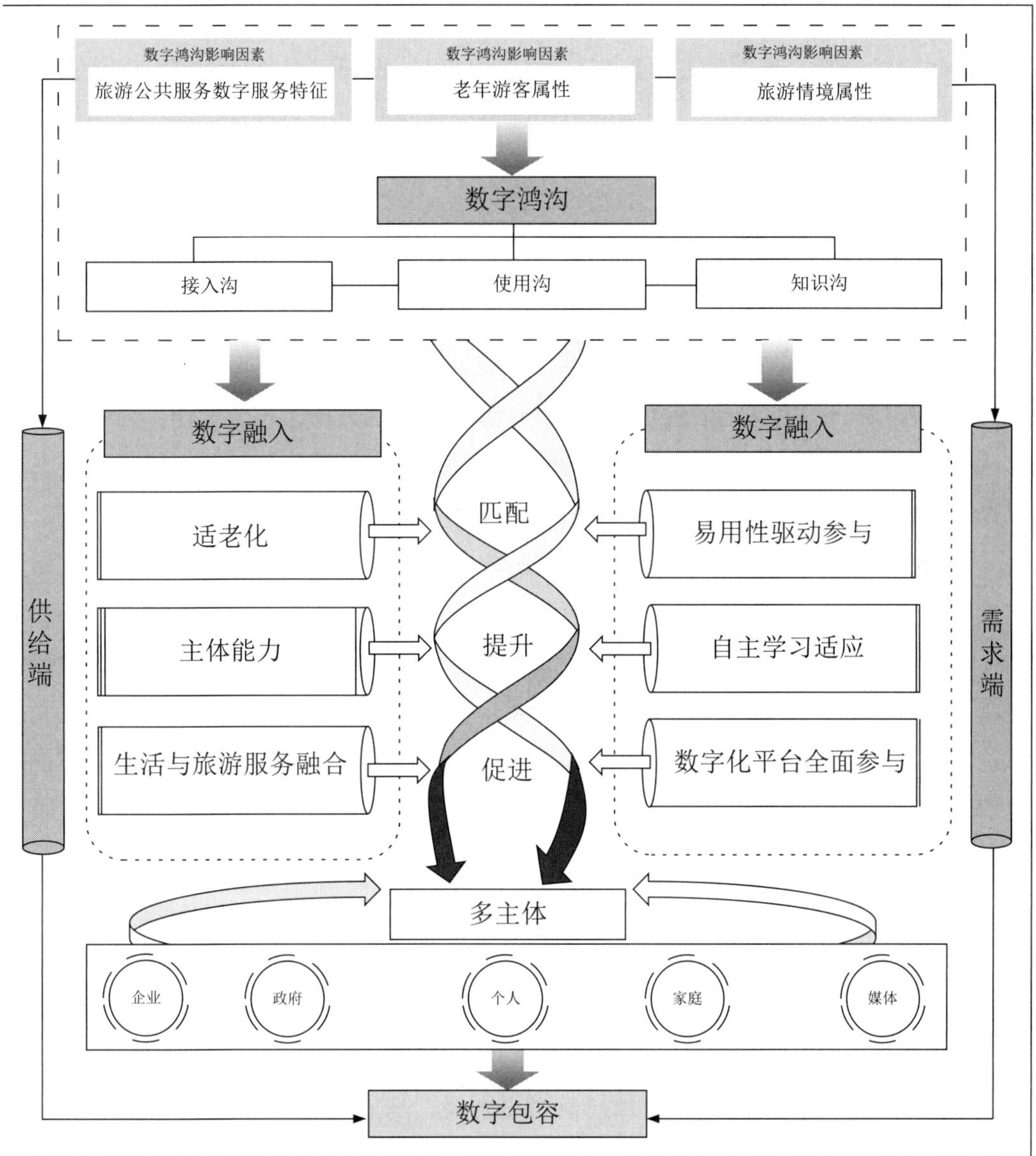

图4　旅游公共服务老年数字鸿沟弥合机制

（三）对策建议

1. 注重供需适配，提升旅游公共服务老年群体适用性

第一，不断加强旅游公共服务数字鸿沟破解的顶层设计和政策引领。要进一步提高互联网基础设施覆盖率，持续推进网络提速降费，让老年群体用得到互联网，同时

消费得起互联网。此外，破解强者越强、弱者越弱的“马太效应”。要促进老年群体数字资源供给的合理、高效配置，特别是关注区域经济发展相对落后、家庭经济状况较差的老年人的数字生活问题，从而着力构建起全体覆盖、公平合理、持续发展的旅游公共服务数字化体系。

第二，建立旅游公共服务数字鸿沟破解的理论—实践智慧库。一方面，政府要联合高校科研机构、科技企业等各方力量与资源优势，积极开展跨部调研工作，联合举办大型学术交流研讨会，组织国内、国际交流考察，广泛吸收先进理论知识，形成旅游公共服务老年数字鸿沟破解的理论库。另一方面，要以先进典型引路，发挥先进典型的示范作用。例如，继续推动发展智慧旅游提高适老化程度示范工作，并进一步将示范案例的具体做法通过举办交流会的形式推广出去，鼓励实施点对点帮扶工作，广泛吸收成功实践经验，形成旅游公共服务老年数字鸿沟破解的实践库。

第三，应积极开发便利性、适老化旅游公共服务数字产品。企业科技应注入适老化伦理理念，开发老年游客“能用、会用”的旅游公共服务智能应用和终端设备。例如，旅游公共服务智能产品界面设计要突出“字体更大”“单页字数更少”“选择按钮更明显”等老年游客易于阅读与操作的特点。简化操作流程，形成“一键操作、一点就达”的操作机制以及允许犯错、有效撤回的“容错型”交互机制。尽可能采用视频讲解、语音对话等形式代替文字描述，并提供实时问答互动服务，提高旅游公共服务产品的易用性。

2. 提升主体能力，加强老年游客数字使用自信心

第一，继续推进旅游公共服务老年数字鸿沟破解的监督管理工作。政府部门应当继续推进并出台相应的监管法规、维权保障等规范性文件，加大对旅游公共数字服务提供者的行为监督，严厉打击侵害老年人人身和财产安全的网络暴力和网络诈骗行为，打造老年旅游公共服务“天朗气清”的网络环境，从而保障老年人的合法数字权益，提升老年人利用智能化产品获取旅游公共服务的安全感和归属感，实现老年人在数字社会自由而全面的发展。

第二，聚焦老年群体数字使用的需求与困难，积极实施智慧助老行动。政府部门应积极发展科技养老扶贫队，推动旅游公共服务数字化知识进社区、进乡村、进家庭、进机构，开展旅游公共服务数字化知识宣传月等活动，面对面为老年人公益讲解利用数字平台获取旅游公共服务的相关知识，普及旅游公共服务数字化概念的同时，让老年群体实际操作有关产品，提升操作本领。

第三，家庭成员要做好老年游客旅游公共服务数字融入的“带路人”。要实行家庭

“数字反哺”，子代与父代通过代际互动与信息共享，让父母逐渐适应数字化生活，加强数字使用的自信心与勇气，从数字“遗民”向数字“居民”身份转变，弥合旅游公共服务老年知识沟。老年人也应积极发挥自身的主观能动性，认识到未来旅游活动的数字化发展趋势以及在旅游环节中掌握数字技能的重要性，了解利用智能手机、智慧平台等获取旅游公共服务的便捷性与适用性，积极顺应智能化与数字化时代的发展。

3. 增强技术赋能，激发旅游情境下老年游客参与热情

第一，重视老年群体的旅游公共服务数字参与观念的转变。通过采用电视广播、社区街道活动等传统方式多鼓励老人适应新时代，用温和的方式让这些新技术、新操作循序渐进地走进老年群体的世界。例如，政府携手老年大学、养老服务机构等，以“老年人带老年人”的形式，鼓励已经具备旅游公共服务数字融入技能的老年人与尚存在数字鸿沟的老年人直接交流，形成老年群体旅游公共服务数字参与的互助群体，发展壮大老年志愿者队伍，分享使用体会，破除恐惧心理，激发参与热情。

第二，开发老年游客“有用、想用”的旅游公共服务智能应用和终端设备。产品设计要更加贴合老年群体的使用需求，增加发布老年游客更加关注的保健、康养、理疗相关信息，及时向老年游客预警可能影响到其出游体验的状况，更好地匹配其旅游公共服务需求。此外，在其旅游公共服务终端设备的购买与智能应用的使用推广环节，采取一定的营销手段以激发旅游情境下老年人利用数字手段获取旅游公共服务的参与热情。例如，为老年游客提供一对一的购买、使用服务，对使用次数达到一定阈值的老年人进行奖励。

第三，加强面向老年群体的旅游公共服务数字化宣传推广工作。老年游客受限于自身对传统媒体（报纸、书籍、电视等）的依赖，尚未意识到新媒体技术给旅游活动带来的便利。在数字化的旅游公共服务初期阶段，应尽量考虑老年游客的信息接收方式，循序渐进地引导老年游客逐步由借助传统媒体“接收旅游公共服务”向利用新媒体技术“体验旅游公共服务”转变。

三、学术价值、应用价值及社会影响和效益

（一）学术价值

1. 研究视角创新

传统的旅游公共服务研究从宏观角度出发，聚焦于供给侧建设与服务，探讨旅游

公共服务的整体发展趋势和政策建设方向。本课题则从老年游客数字鸿沟这一小切口入手，聚焦旅游公共服务中老年游客数字鸿沟问题，以期解决老年游客难以共享数字化成果的现实问题。与传统的研究视角相比，本课题的研究视角更加具有针对性和实践性。

2. 研究内容创新

本课题从综合的角度出发，探讨数字化旅游服务与老年游客之间的冲突性，是对以往仅从单一视角出发对数字旅游或老年旅游进行研究的补充。本课题关注到旅游公共服务老年数字融入困境，构建了多类别、多主体、多阶段的旅游公共服务老年数字鸿沟弥合机制，为建设数字包容旅游公共服务体系提出解决方案。

（二）应用价值

通过深入研究老年游客数字鸿沟问题，本课题提出了一系列解决思路和对策，包括注重供需适配，提升旅游公共服务老年群体适用性；提升主体能力，加强老年游客数字使用自信心；增强技术赋能，激发旅游情境下老年游客参与热情等。这些对策和思路为政府和企业解决数字鸿沟问题提供了可行性方案，同时也为提高旅游公共服务的质量和效益提供了实践指导和借鉴。

（三）社会影响和效益

旅游业是我国重要的幸福产业之一，而数字化已经成为旅游业发展的必然趋势。然而，随着老龄化进程的推进，老年游客的数量也在不断增加，他们可能会面临数字化旅游公共服务的一些困难，对于这一问题目前缺乏学术研究的回应。本课题与老年游客、案例地文旅部门相关工作人员进行了深入探讨，并最终绘制出旅游公共服务老年数字鸿沟的弥合机制，提出政策建议，将为以上问题的解决提供新思路、新方法，能够引起各界对于数字化时代下的旅游公共服务如何更好地服务老年群体的新思考，体现了旅游学科研究的前瞻性与应用性。

美好生活视域下城市旅游消费质量监测体系的构建与实践研究

负 责 人：杨懿
依托单位：云南大学
起止时间：2023 年 4—10 月

一、研究目的和意义

中国特色社会主义进入新时代，我国社会主要矛盾已经转化为人民日益增长的美好生活需要和不平衡不充分的发展之间的矛盾，人民群众的需求已经从“物质需要”转化到“美好生活需要”。党的二十大报告明确指出，“必须坚持在发展中保障和改善民生，鼓励共同奋斗创造美好生活，不断实现人民对美好生活的向往”；中共中央、国务院印发的《扩大内需战略规划纲要》明确指出“实施扩大内需战略是满足人民对美好生活向往的现实需要”。中共中央、国务院印发的《质量强国建设纲要》中指出“质量强国是满足人民美好生活需要的重要途径，质量是增进民生福祉的关键要素”。旅游业作为重要的民生产业和幸福产业，其消费质量已逐渐成为满足人民美好生活需要的重要抓手，同时也是充分发挥消费基础性与引领性作用的新引擎。然而，旅游消费质量目前存在重数量轻质量、重扩张轻发展、供需不匹配等问题。因此，加快构建城市旅游消费质量的监测体系，进一步优化城市旅游消费质量实践路径，对人民美好生活需要的满足和城市旅游消费高质量发展具有重要研究意义。

二、主要内容、重要观点、对策建议

（一）主要内容

1. 美好生活视域下城市旅游消费质量的科学内涵

首先，梳理并界定美好生活的时代内涵，从美好生活的内涵、特征、维度、要求等方面展开，清晰把握美好生活对消费质量的基本要求；其次，基于旅游消费质量的基础理论，以“城市”作为研究对象，总结城市旅游消费质量的概念特征和影响因素；最后，联系美好生活的时代内涵与城市旅游消费质量的相关理论，科学界定城市旅游消费质量的内涵与外延，进一步解析美好生活视域下城市旅游消费质量的科学内涵。

2. 美好生活视域下城市旅游消费质量的事实特征

城市旅游消费质量的事实特征是精准研判城市旅游消费质量高低、现存的问题以及如何提升等问题的立足点和出发点。首先，本课题阐释了美好生活视域下城市旅游消费质量的发展现状，分别从旅游主体、旅游客体、旅游介体三方面对城市旅游消费质量及发展趋势进行阐释并揭示了我国城市旅游消费质量存在的问题。其次，本课题分析了美好生活视域下城市旅游消费质量的发展新要求，从吸引力、影响力、落实力、洞察力、监管力等方面进行了阐释。最后，从城市旅游消费供给质量尚未满足多样性需求、尚未满足高标准需求、尚未满足差异化需求等方面阐释了城市旅游消费质量与美好生活之间存在的现实差距。

3. 美好生活视域下城市旅游消费质量的监测体系

科学构建城市旅游消费质量监测体系，对美好生活视域下城市旅游消费质量演变规律进行动向分析与趋势预测尤为重要。本课题分别从问卷指数、舆情指数、投诉指数、暗访指数、安全指数五个方面来表征旅游消费质量高低。首先，确定城市旅游消费质量的监测对象；其次，分别选取问卷指数、舆情指数、投诉指数、暗访指数、安全指数五个方面的指标，构建城市旅游消费质量监测指标体系；最后，构建城市旅游消费质量监测模型，得出城市旅游消费质量监测指数。

4. 美好生活视域下城市旅游消费质量监测体系的实践应用

本课题以桂林市为实证研究对象，对其旅游消费质量进行监测研究。一方面，应用所构建的城市旅游消费质量监测系统对桂林市旅游消费质量进行监测，得出桂林市城市旅游消费质量监测结果，并在桂林市下辖17个县级行政区中，选取阳朔县、秀峰区、临桂区、灌阳县四个全域旅游示范区为典型代表，对其进行旅游消费质量监测，得出桂林市下辖行政区间旅游消费质量发展差异。另一方面，基于桂林市旅游消费质量的监测结果，拟从完善桂林市城镇基础设施建设，加强市区卫生治安管理、加大桂林市旅游市场监管力度，提升桂林市整体旅游形象、提升桂林市旅游产品与服务质量，促进桂林市旅游消费升级等方面提出桂林市旅游消费质量的提升建议。

5. 美好生活视域下城市旅游消费质量提升的对策建议与保障措施

本课题从多方面全面考量，逐步推进美好生活视域下城市旅游消费质量提升的对策建议与保障措施。从政府层面、市场层面、企业层面分别提出美好生活视域下城市旅游消费质量提升的对策建议，从确立多元主体协同机制、构建主客观评估机制、创新监测体系的形式、构建监测体系的长效运行机制、加强质量信用体系建设和预警工作等方面提出美好生活视域下城市旅游消费质量提升的保障措施。

（二）重要观点

1. 城市旅游消费质量监测体系的构建促进旅游消费市场的良性运行

由于旅游消费市场具有复杂性和多样性，各子市场根据自身特性制定旅游消费质量的评价指标，使各子市场间的旅游消费质量评价结果不具有可比性，无法科学有效地评判各个旅游消费市场运行是否良好。在美好生活视域下，构建一套科学的城市旅游消费质量监测体系，能够保证对城市旅游消费质量评价结果的科学性、适用性和可比性，利用监测体系实现“日监测、周评估、月调度、年报告”以促进旅游消费市场的良性运行。

2. 城市旅游消费质量监测体系的实践保证旅游消费质量的稳步提升

在美好生活视域下，需全面贯彻落实“坚持新发展理念，推动高质量发展，牢固树立质量第一的发展意识”，城市旅游消费质量监测体系的实践以提升旅游消费质量作为主要目标，以监测体系实践中的系统集成和引领带动作为关键环节，不断优化城市旅游消费质量的发展环境。通过监测体系实践中的机制设计和制度保障促进城市旅游消费质量的提升。

3. 城市旅游消费质量监测体系的应用为美好生活需要提供现实保障

旅游业作为典型的“幸福产业”，是美好生活的必然组成部分，在大众旅游与国民休闲时代旅游已经成为人们生活的必需品。旅游消费是时间消费和空间消费的综合，城市是旅游消费的重要载体与核心构成。因此，城市旅游消费质量的高低一定程度上能表征人民美好生活实现水平。城市旅游消费质量监测体系的实践应用有利于提高旅游服务质量、促进旅游消费升级、保护旅游消费者权益、促进城市旅游经济发展，进而为美好生活需要的满足提供现实保障。

（三）对策建议

1. 美好生活视域下城市旅游消费质量提升的对策建议

（1）政府层面

第一，加强对城市旅游产品与服务的质量监管与监测。树立“质量第一”的发展意识，一方面，需加强游客合法权益保护，完善消费后评价体系，支持和鼓励地方建立赔偿先付制度等，另一方面，需要不断提升城市旅游公共服务的水平，积极动员社会各界一起关注城市旅游消费质量问题。第二，及时调整并优化城市旅游消费质量监测的指标体系，加快构建适用于城市旅游消费统计质量的监测体系。第三，因地制宜地构建城市旅游消费质量监测体系，使之适应当地旅游消费发展现状。根据不同城市旅游发展实情，设计适合的城市旅游消费质量监测体系。第四，加强政策引导和支持，提高城市旅游消费的供给质量，缩小城市旅游消费质量的区域差异。不断加大对欠发达城市及地区的旅游文化建设和旅游消费的帮扶力度，以缩小城市旅游消费质量的区域差异。第五，拓宽消费者参与特别是线上参与城市旅游消费质量评价渠道。聚焦旅游者对旅游消费质量的评价，积极回应其对城市旅游消费质量监测系统的合理建议。

（2）市场层面

第一，市场倡导培育行业文化、打造优质城市旅游服务品牌。建立健全旅游服务品牌创建激励机制，完善旅游服务质量监测机制，加快推进旅游信用体系建设。第二，引导并激励市场将提升城市旅游产品与服务质量作为增强市场竞争力的重要手段。第三，完善城市旅游消费市场机制，促进良性竞争，降低旅游产品及服务的价格，优化旅游产品与服务质量。第四，推动市场对城市旅游产品与服务质量的监督。以标准化引领城市旅游消费质量提升，在相关标准制修订工作中突出旅游消费质量方面要求，探索建立旅游消费质量认证体系，建立以游客为中心的旅游消费质量评价体系。第五，构建智慧文旅系统终端，加强对旅游大数据的获取与应用。在旅游服务、旅游管理、旅游营销、旅游产品等领域综合集成应用5G、大数据、云计算、物联网、人工智能、虚拟现实、增强现实等现代信息技术及一系列智慧旅游系统成果，加强城市旅游消费监测体系的数据的可得性与准确性。

（3）企业层面

第一，提升旅游产品与服务的水平。为满足游客多样化、个性化旅游消费需求，在旅游产品与服务中不断推出新产品与新业态、大力发展在线旅游服务等，在此基础上针对旅游新业态、新模式制定相应的质量评价标准。第二，推进城市旅游消费质量相关标准制修订工作。完善旅游消费质量标准体系，推动各层级城市旅游消费质量标准协调发展，不断提升旅游消费质量标准国际化水平。第三，提升城市旅游行业人才队伍素质，尤其需大力培养旅游消费质量监测人才。将旅游消费质量监测的培训纳入高级经营管理人才培训、高质量产业人才培养扶持、专业人才培养等各级各类培养项目，加强对基层一线旅游工作人员的旅游消费质量培训，提升旅游人才对旅游消费的质量意识和质量监测的专业化水平。

2. 美好生活视域下城市旅游消费质量提升的保障措施

（1）确立多元主体协同机制

统筹旅游消费的需求和供给，构建政府主导、企业主责、部门联合、社会参与、多元共治的旅游消费质量监管和优化组织结构。由文化和旅游部牵头，协同国家市场监督管理总局、国家卫生健康委员会、生态环境部、住房和城乡建设部、交通运输部等相关职能部门来进行。在多部门、多组织协同过程中应遵循跨越组织边界，明确各方责任，共同致力于改进与提升旅游消费质量的总体思路。

（2）构建主客观相结合的评估机制

根据城市旅游消费的内涵，从旅游消费的供需两侧及客观数量与主观满意度出发，构建主客观相结合的评估机制，这是保证城市旅游消费质量监测工作顺利开展的前提。因此，主客观相结合的评估机制设计时要从供给侧出发，考虑旅游服务及旅游产品供给的投入、数量、效率；从需求侧出发，考虑游客需求、游客感知及游客满意度。

（3）创新旅游消费质量监测体系的形式

保障美好生活视域下城市旅游消费质量监测体系的实践应用，需创新监测体系的形式，具体要求从监测的技术、监测的沟通渠道及监测的施行手段三方面进行创新。第一，创新监测技术。运用互联网技术及信息化手段开展监测工作，形成“大数据、智能化＋旅游消费质量监测”的模式。第二，创新监测沟通渠道。形成线上、线下双轨沟通渠道。第三，创新监测施行手段。考虑将 PPP 模式引入质量监测领域，提高监测及评估的高效性与精准性。

（4）构建旅游消费质量监测的长效运行机制

遵循均衡性、全面性、发展性原则构建监测的长效运行机制，保障监测体系的顺利长效运行。均衡性主要包括监测时在区域间、群体间的均衡。全面性指将城市旅游消费的主体质量即城市旅游消费者满意度、客体质量即城市旅游消费市场质量、介体质量即城市旅游消费的社会、生态、文化、基础公共服务等环境质量全面纳入监测体系中。发展性指监测理念及质量评估指标要不断更新，与时俱进，更好地指导城市旅游消费质量监测的实践。

（5）加强旅游消费质量信用体系建设和预警工作

为加强城市旅游消费质量信用体系建设，需不断推进城市旅游消费的质量信用信息系统的建设，完善以旅游企业质量管理、旅游产品与服务质量、质量监管信息为主要内容的城市旅游服务产品质量档案，以加强城市旅游消费质量的预警，建立城市旅游产品与服务质量评价报告发布制度，并定期开展评价与分析。

三、学术价值、应用价值及社会影响和效益

（一）学术价值

本课题在理论上丰富了旅游消费质量相关研究，将城市旅游消费质量在物质层面与精神层面的影响因素纳入监测体系中，为美好生活视域下城市旅游消费质量的科学监测提供了基本逻辑框架。不同于以往关于旅游消费的研究重视消费数量水平和聚焦消费总量的高低而忽略了“质量”的提升。力求突破“数量”视角，站在“质量”的角度研究美好生活视域下城市旅游消费质量监测体系。

（二）应用价值

通过解析城市旅游消费质量在美好生活视域下的科学内涵，结合定性分析明晰城市旅游消费质量与满足美好生活需要之间的现实差距，准确选取美好生活视域下城市旅游消费质量的监测指标，进而构建监测体系并实践应用，最终为促进城市旅游消费市场的良性运行、保证城市旅游消费质量稳步提升、满足人民美好生活需要提供理论依据和决策参考，为我国城市旅游消费质量监测体系的建设提供参考借鉴。

（三）社会影响和效益

本课题通过构建美好生活视域下旅游消费质量动态监测体系的定量研究范式，有助于推动旅游消费理论研究的深化；同时，通过将实证结论应用于旅游消费质量评价实践，以期合理反映城市旅游消费质量发展状况，为以旅游消费示范城市和试点城市为代表的旅游城市高质量发展和旅游产业政策体系的完善提供参考依据。

艺术介入路径下的文旅融合与乡村振兴研究

负 责 人：华予
依托单位：淮阴工学院
起止时间：2023年4—10月

一、研究目的和意义

文旅融合是实现乡村振兴的重要手段，艺术乡建是通过文旅融合推动乡村振兴的典型路径。一大批艺术家、建筑师、规划师、公司企业等借鉴当代艺术风潮的审美趣味，不仅用画笔描绘新农村，更实际参与乡村生活、生产和建设，调用多种手段，以合作、互动和在地化的方式，修复乡村景观、重构乡村空间功能与形式、激活传统文化、推动文旅产业、凝聚村民主体意识，走出了一条有别于其他发展模式的乡村振兴之路，至今已形成不少社会实践探索。近年来，一些大地艺术节在我国乡村地区方兴未艾。一方面，作为艺术乡建的具体实践模式，大地艺术节通过践行文旅融合，提升了乡村知名度，为村民带来较为可观的经济收入，在一定程度上推动了乡村发展建设。另一方面，囿于艺术节的时效性较短、流动性强，大部分艺术节被质疑并不具备振兴乡村经济、赓续地方文脉的力量。在这一争论下，有必要重新审视以艺术节为主的艺术乡建模式的成效，尤其是公众对艺术节的评价态度，以期从理论层面与当前艺术乡建研究对话，并在实践层面为相似建设模式提供操作性技术反馈和控制导引，为建设产业兴旺、生态宜居、乡风文明、治理有效、生活富裕的乡村提供案例参考。

二、主要内容、重要观点、对策建议

南海大地艺术节以在地持续举办、长期发展为特色，计划在 10 年内举办五届，从南海西樵镇起步向南海区全域铺开。历经为期三个月的集中活动期之后，艺术节现已进入跨越四季的全年日常运营。作为“中国首个全域性地域性艺术节”，南海大地艺术节被当地政府视为最重要的城市文旅品牌，聚焦“大湾区文化高地、世界文化艺术旅游目的地”发展愿景，意在通过探索艺术介入下的文旅建设与乡村发展融合之路，塑造海纳百川的活力新南海的城市画像。本课题在通过实地调研获得南海大地艺术节的基本信息后，采用大数据挖掘手段在小红书应用中爬取评价数据，对文本进行编码操作后，从旅游资源、旅游群体、旅游体验、旅游设施与服务 4 个一级类属维度分析文本中词频符码内容，总结公众对南海大地艺术节的感知态度，进而从公众视角研判以艺术节为主的艺术乡建模式的成效。

研究发现，自然旅游资源、人文旅游资源的特点，游客群体、艺术家群体、本地居民群体、游客的行为与感知，基础设施完善程度与服务质量等都可通过网络语言词汇来呈现。人文旅游资源、游客群体及其在旅游体验中的游客感知 3 个部分是高频符码的核心内容所在。艺术节是由人策划实施的，核心的展示要素是艺术家所创造的艺术作品，这些都是极其重要的人文旅游资源。艺术节的服务对象是游客，游客旅游行为后所产生的意识感知反馈了其对于艺术节要素的相关体验结果。三者相互关联极其密切，存在着明确的逻辑联系。从游客类属上可找到游客的身份与年龄特点，并从旅游资源类属中辨别游客感兴趣的自然旅游资源和人文旅游资源，从旅游行为类属中发现游客偏爱的项目，从旅游感知类属中发现游客的心理活动和对各种旅游资源的评价，从而可以制定相适应的旅游策划方案，筛选能让游客满意的旅游项目，邀请游客偏爱的艺术家创作吸引游客的作品，构建类别齐全的旅游产品。整体来看，南海大地艺术节的策划和运营是成功的。但因为是第一届，也存在一些不足之处，可以在今后改进并提升。结合访谈资料与文本高频词分析发现，本艺术节借鉴了包括日本越后妻有艺术节、浮梁艺术节等国内外艺术节的活动经验，有明确的策划目标和理念，组织工作较为完善，有明确的人员分工。从世界各地邀请的参展艺术家有着一定的知名度，部分艺术家此前有着较为丰富的大地艺术或公共艺术的创作经验，能够打造出让游客满意的作品。大部分作品体现出了与环境和乡土的关联，明确的在地性表达语汇能够打动观众游客。主办方也召集了一部分本地居民参与志愿者服务工作，提升了本地人在艺术节的参与感。对基础设施和服务的重视一方面给当地居民创造了收入来源，另一方面也给游客带来了较为良好的旅游体验。此外，艺术节仍存在一些需要改进提升的点，例如，部分游客对于展区的分散布局不太满意，包括部分展区内作品的放置较为分散，增加了游客的时间成本和交通成本，易让游客产生负面情绪；展区和展品的导览工作不够细致和完善；部分作品的在地性不强，让游客产生了放之四海而皆准的感觉；较为冷门的展区的服务工作仍有较大提升空间。

大地艺术节作为一种较新的现代节日形式和社会组织方式，可通过对文化艺术的组织和表达充分发挥汇聚资本和人群、传递社会核心价值观念、建构新型社会关系、发展乡村创意产业经济、建构文化话语权等现实功能。然而，依据此次调研来看，南海大地艺术节虽快速提升了西樵镇的人气，并在社会与网络上产生了一定的影响力。但随着艺术节由集中活动期过渡到全年日常运营，其对于乡村现实生活所应当发挥的功能性作用是否被全面地持续地激发还有待考察。基于此，提出以下几点建议以供参考，以期能充分发挥南海大地艺术节在文旅融合推动乡村振兴中的成效。①聚焦文化服务，紧密对接国家战略。文化是推动我国社会和经济转型发展的结构性力量。文化产业是提升文化软实力的重要手段，已经上升为国家战略，并成为新的经济增长点。未来艺术节的策划和筹办，不仅要满足大众的艺术审美需求、提高大众的艺术欣赏水平以及丰富大众的精神文化生活，而且要对国家文化艺术事业的建设及文化创意产业的发展具有积极的促进作用。南海大地艺术节本质是一个地方文化工程，其作为一个公共文化服务平台，也是进行国际文化交流合作的重要途径，应当以服务于大众为根本目的，从深度和广度上为大众提供更高水平、更高质量的公共文化服务。一方面，南海大地艺术节要注重国际性品牌的打造，立足以展示民族文化精神、扩大民族文化影响为重点，高质量建设大湾区文化高地、世界文化艺术旅游目的地；另一方面，要注重特色化与国际化的双向互动，为了迎合国际市场需求，兼具开放性和艺术性的、具有国际化视角和眼光的发展战略对于大地艺术节的长期目标和发展建设具有不可替代的作用。也就是说，大地南海艺术节不仅要有“高门槛”，筛选更多国内外优秀艺术家的艺术作品进行展示；还要兼具“低门槛”，真正“下沉”到人民群众中，即通过推出优惠票价、免费演出或者群众性文艺活动等项目，让更多游客有机会观看艺术节演出、参与艺术节活动、感受艺术节的文化氛围，致力于打造惠及普通大众、让人民群众都可以感受到文化关怀的艺术节。这种面向多层次游客的艺术节，不仅能为西樵镇各村聚集人气，更重要的是通过艺术的普及，对于提升人民大众的文化素质、培养村民的审美品位，以及提升整个城市的艺术气质等方面产生重要的促进作用。②根植传统文化，建设文化创意产业。同质化是现代艺术节发展过程中所面临的重要问题，打造具有中国特色的“原创型”艺术节品牌是我国艺术节在未来发展中避免同质化侵蚀的重要途径。中华优秀传统文化是中华民族的精神命脉，是涵养社会主义核心价值观的重要源泉，也是在世界文化激荡中站稳脚跟的坚实根基，应当努力传承和弘扬中华美学精神，根植传统文化和地方民俗，高水平建设特色创意产业。作为“中国首个全域性地域性艺术节”，南海大地艺术节应注重“质”的强化：一是艺术节内容上的特色化；二是艺术节形式上的多样化。既要创新，又要继承，在继承中华优秀传统文化的基础上不断创新，打造属于自己的文化名片。比如可在艺术节中增加纺织艺术品的展示，通过命题作文征召社会人士展开在地创作，深化西樵“广纱甲天下”的地方形象。再如，可创新旅游产品体系，推动节庆文化与艺术品相融合，展示“半山扒龙舟”“阿婆扒龙舟”等民俗文化，建构民俗艺术社会场域。建立艺术节与本土文化、民族文化彼此之间的联系，找寻失落的“仪式”、铸造艺术节的精神内核，不仅对我国传统文化遗产的传承和传播具有重要的促进作用，而且可以为打造具有中华民族精神气质和文化特点的艺术节品牌提供坚实的文化基础。③聚焦人居环境，推动乡村空间重构。艺术节具有重构乡村空间的力量。无论是乡村公共文化空间、乡村景观空间，还是乡村亲情伦理空间，其在艺术介入下往往成为重点营建对象。借助艺术的力量，乡村正好能完善基础设施，修缮历史建筑，绿化美化景观环境，实现乡村的诗意栖居。西樵镇可充分利用南海大地艺术节的效能，不断反哺村庄人居环境建设，尽量利用存量的闲置甚至废弃建筑，用较小的代价予以修复，赋予新的使用价值。如以斑驳的老墙皮为画布，层层描绘，记录历史的记忆与今天的故事，叠加出全新的乡村视觉空间；修缮桑基鱼塘，展示乡村历史文脉，重现鱼跃欢腾的场景；增加旅游服务设施，利用桌椅板凳等老物件，融入乡村服务设施建设；强化建筑风貌管控，严格审批招牌、灯牌、标语等语言景观，避免与整体视觉环境的格格不入。营建绿美乡村的同时提升旅游服务水平，加强村民生活质量。④保持艺术本色，平衡多元价值关系。艺术节的可持续发展需要在艺术价值和商业价值的关系张力中寻求艺术性和商业性的微妙平衡。全球化浪潮带给艺术节更大的包容空间，自20世纪中后期开始，艺术节呈现出综合性的发展趋势。尤其是规模较大的国际性的艺术节，其涵盖内容和范畴不断扩大，包括音乐节、戏剧节等传统的艺术节，杂技节、魔术节和一些新兴的媒介艺术节，使艺术节中的艺术门类不断增多。艺术节逐渐由单纯的艺术类活动演变成一种具有商业性的艺术活动。对于我国来说，“艺术节热”是近年来才开始引起社会大众和媒体广泛关注的一个社会现象。较之有着几十年甚至上百年发展历史的西方艺术节，我国在艺术节相关的理论研究领域基础相对薄弱，因而当前我国的艺术节发展呈现出“实践走在理论之前”的态势。由于艺术节的实体发展过快，并且尚未有相关的规范和标准，因此造成了在经济利益最大化的驱使下，艺术节的艺术性和商业性之间难以平衡的问题尤为突出。艺术的根基源于人类自身的内在需求，只有赋予艺术节最丰富的精神内涵和艺术价值，才能保证艺术节的艺术魅力和生命力。艺术节价值的最终实现必须是人们的参与，在参与、观看的过程中，人们融入艺术情境中，与地方产生关联，通过情境的互动达到参与者心灵的震颤，从而形成丰富的深刻的情感记忆。在关注南海大地艺术节带动乡村可持续发展建设之前，首先应明确各方相关主体的“价值共识”，保证艺术节的艺术本底价值，通过艺术价值的实现才能吸引源源不断的客流，而稳定的客流量正是艺术介入推动乡村振兴的重要前提。其次，政府应做好引导者角色，面对不同群体的现实需求，平衡好、衔接好各群体的诉求。⑤扎根本土乡村，发挥艺术育人作用。艺术节介入下的乡村建设涉及艺术家、村民、政府、游客、策展人等不同身份的角色，彼此之间既存在千丝万缕的密切联系，又难免基于观念、思路、诉求和利益的冲突而产生矛盾。在此背景下，必须认识到村民是乡村的主人，是任何艺术乡建中的最重要主体。艺术节的艺术乡建模式不应以“艺术创作”或“艺术实验”为出发点，如果艺术节介入乡村的初衷是为了形而上的精神救赎或文化艺术，而不是为了村民，为了实现乡村振兴，那么走入日常展览期的南海大地艺术节终会因缺乏内生动力和可持续发展潜力，从而陷入“号称乡村运动而乡村不动”的窘境。接下来，南海大地艺术节可通过培养本土艺术家的方式，实现艺术节多元行动者网络的持续运作。如鼓励艺术家常驻乡村，定期开展“人人都是艺术家”的公益艺术教学活动，为村民提供免费的绘画、手工教学等，在彼此平等和充分尊重的场域中逐步拉近与村民的距离，形成理解、认同和融合的美育环境。潜移默化的艺术熏习，使村民真正懂得审美、敢于表达自我、关注自我诉求和情感，艺术节带动进而使个体生命意识和人文情怀得以在西樵镇充分绽放。

三、学术价值、应用价值及社会影响和效益

艺术节是文化的重要展演，文化又与旅游存在天然共生关系。文化实现了乡村旅游目的地的差异性供给，而旅游活动又能催生出新的乡村文化，因此艺术介入下的文旅融合成为乡村振兴发展模式的主要路径之一。本课题通过对南海大地艺术节的考察，审视了以艺术节为主的艺术乡建模式成效，其为乡村发展建设聚集了力量，提升了地

区知名度，改善了人居环境，加速了发展资金的流动……但由于南海大地艺术节是一个长期开展的艺术项目，对其具体成效还应保有审慎的态度。本课题自实践层面分析了公众，主要是游客对艺术节的感知体验，在一定程度上能反映大众对艺术乡建的态度，并为其可持续发展提供一定借鉴。

乡村振兴背景下新疆基层文化和旅游人才素质提升研究

负 责 人：阿曼古丽·海比布
依托单位：乌鲁木齐职业大学
起止时间：2023 年 4—10 月

一、研究目的和意义

（一）研究目的

通过研究本课题推动新疆农村文化振兴，弘扬中国精神、积极宣讲中华优秀传统文化、强化“五个认同”，是实现社会稳定和长治久安的核心和关键。从理论上明确乡村振兴战略中基层文化和旅游人才素质提升的结构性内容，全面把握拓展乡村振兴文化成果和旅游人才素质提升之间的关系，并将两者的衔接内化为乡村振兴治理主体的精神支柱，为乡村振兴战略的实施提供强大动力，处理好乡村振兴、基层文化发展、旅游人才素质提升三者之间的关系，而且进一步丰富和发展基层文化和旅游人才素质提升的相关理论、工作内容和策划方案。

（二）研究意义

本课题以习近平总书记关于乡村振兴重要论述为理论基础，考察新疆基层文化和旅游人才素质提升现状、存在问题及其原因，探讨乡村振兴战略中基层文化和旅游人才素质提升的有效路径。研究内容不仅能够丰富学术界关于乡村振兴的理论研究成果，还可以丰富新疆地区旅游业发展的对策研究，有助于官方加强基层文化和旅游人才素质提升，确保农民生活水平提升、分享基层文化、维护社会稳定、推进共同富裕。

二、主要内容、重要观点、对策建议

新疆旅游业经过长时间发展，通过旅游服务设施的完善、旅游服务企业群体的壮大、旅游资源的规模化开发、旅游景区（点）文化含量和产品附加值的提高、旅游业发展社会环境的改善，为旅游业的加速发展创造了良好的条件。但是由于种种原因，一直没有对基层文化和旅游人才的基本情况进行过专题调研，在这方面家底不清、情况不明，在一定程度上制约着新疆旅游业的发展。本课题采取宏观统计、抽样调查、座谈走访、研究分析等多种方式对新疆基层文化和旅游人才的基本情况进行了调查以及如何提升新疆基层文化和旅游人才素质进行了系统分析。在调查分析的基础上，总结和提炼出新疆基层文化和旅游人才的构成情况，厘清了新疆基层文化和旅游人才开发及素质提升存在的问题，并借鉴国内外旅游人才开发和素质提升的一些成功经验，以人力资源开发理论为指导，对新疆旅游人才开发和素质提升的途径和方法进行了重点探讨和研究，提出促进旅游人才开发和提升新疆基层文化和旅游人才素质要着重做好以下五方面工作：坚持树立旅游人才开发的观念，提高基层文化和旅游人才素质提升的重视程度；探索旅游人才开发与基层文化和旅游人才素质提升模式；改革和完善旅游人才开发和素质提升体系，建立多层次、多样化、多元化的旅游人才开发和素质提升体系；实施旅游人才建设工程，全方位提高新疆基层文化和旅游人才综合素质；优化人才发展环境，为各类文化和旅游人才提供良好条件。

（一）新疆基层文化和旅游工作者的来源情况

1.“本土型”旅游参与者

“本土型”乡村旅游工作者，是指那些在乡村旅游开发区范围内有房屋、土地、农牧场的本土农民，他们借助本身拥有的资源优势，经营农家乐、便利店和具有特色的小饭馆。

2.“全职型”旅游从业者

“全职型”旅游从业者是指那些一开始就从事旅游服务行业，通过在经营过程中不断优化旅游环境、提高服务质量、增加旅游投资等多种方式吸引更多游客，一点一点带动当地旅游业发展的人。

3.“承包型”旅游投资者

“承包型”旅游投资者是指那些投资本地旅游业的外地人或者企业，他们投资的方式也很简单，往往通过承包或者租赁当地农牧民的房屋和农牧场来从事农家乐、牧家乐、民宿、特色餐馆等旅游经营活动。

（二）新疆基层文化和旅游工作者的培养状况

1. 多途径开展文化和旅游人才的研修培养

新疆文化和旅游厅积极贯彻落实《全国乡村文化和旅游能人支持项目培训》要求，在全区认真挖掘、精心培养优秀旅游人才，并每年推荐在巩固脱贫攻坚成果和推进乡村振兴工作中发挥示范导向作用的乡村文化和旅游项目带头人积极参与全国文化和旅游能人评选工作，探索实施自治区乡村文化和旅游带头人项目，每年 15~20 人入选，每人按 1 万元标准给予项目资助，激励基层文化和旅游带头人（能人）在乡村振兴中发挥引领作用。

2. 大力开展基层文化和旅游人才培训工作

在自治区政府和文化和旅游厅的要求、指导下，新疆各区、市、村将基层文化建设和乡村旅游人才培养工作放在首要位置，每年结合本土实际情况大力开展形式多样的旅游人才培训工作。

3. 提升基层文化和旅游人才的综合素质

为加强景区讲解队伍职业标准和专业技能的要求，提高他们的职业理论知识，霍城县文旅局在重点景区内举办多次讲解员培训班，培训内容主要围绕讲解员服务本质、礼仪概念、仪容、仪态、仪表礼仪、技巧训练、讲解方法等。

（三）提升新疆基层文化和旅游人才素质的难点

1. 经营主体思想认识不够

（1）政府和旅游单位认识不够。部分地区的乡村旅游工作中，对于经济发展比较重视，在各行业包括景区建设、文化体验基地建设、设备更换的投入较多。但是，对于地区的旅游人才培养项目则是存在认识不到位的情况，许多人认为，乡村旅游就是游客观赏乡村美丽风景、体验乡村生活，乡村旅游场域中不需要配备太多或高素质工作人员，本地普通农牧民也承担得起接待游客和简单的服务工作。

（2）旅游企业人员认识不够。很多旅游景区人才引进或雇佣本地旅游从业人员时不太重视对方的身份、文化程度和职业能力，只要双方达成合作意向就雇佣；在聘用考核过程中，入职前只做简单的岗前培训，继续培养工作则能免则免。

（3）旅游从业人员认识不够。很多基层文化和旅游从业人员是以普通农牧民组成的，很多农牧民的文化水平低，对区域发展、旅游行业等知识掌握不足、认识不够，平时不怎么关注国家或区域政策宣传内容，对于本区域旅游发展意识欠缺，虽自己从事十几年接待游客和服务工作，但仍然认为自己只是普通农牧民，对于旅游行业的认知、旅游从业人员身份的认同感不高。

2. 旅游培训发展不能满足产业要求

（1）培训战略化高度不够。随着旅游产业竞争的加剧以及以人为本思想的树立，企业和个人对培训工作日益重视，不少企业把人才建设作为本单位重要的经营发展战略来实施。虽然培训的观念已经为大多数旅游企业的管理者和旅游主管部门负责人所接受，但从整体上讲，新疆各地市州对旅游人才培训的重视程度还远远未能达到战略化的高度，随意性大，根据对我区旅游企业的调查，有些企业的培训，可有可无，培训尚未成为人力资源管理固定制度。

（2）培训专业化程度不高。人才开发有其自身的发展规律和专业要求，人才开发水平高不高、效果好不好，和开发工作者的专业素质密切相关。新疆旅游人才开发专业化程度不高，高层次人才、专业人才紧缺，各种专业管理人才、行业专业人才缺口较大。

（3）培训效果不理想。虽然各企业对员工培训的动机主要在于提升服务素质，提高生产效率，但是其对培训效果的评估和考核方面却不到位，考培不分的现象比较严重。花费大量的时间、财力及物力进行培训，对培训效果的评估却不重视。

（四）新疆基层文化和旅游人才素质提升的对策和建议

1. 明确基层文化和旅游人才规划目标

为更好地加强新疆基层文化和旅游人才素质提升工作，旅游行政部门应该加强对旅游人才的整体规划工作。根据新疆维吾尔自治区社会经济发展总体规划及新疆维吾尔自治区旅游发展总体规划的要求，编制全疆旅游人才素质提升的战略、策略规划，尤其是各地市州县要依据全疆旅游人才规划及相应政策对本地区的旅游人才素质提升要有一个整体性的考虑和规划，在深入了解本地区旅游人力资源状况的基础上，研究本地区旅游人才素质提升的优势和劣势，制定本地区的旅游人才素质提升规划。

2. 加强基础研究和专题研究工作

加强旅游人才基础研究是提升基层文化和旅游人才开发和素质提升决策水平的基

础和前提条件，也是当前旅游企业及行政管理部门的薄弱环节，必须高度重视，并采取专门措施加以改进。建议由自治区旅游和文化厅设立专项课题，强化基础研究；同时要做好新疆旅游人才信息的统计汇编工作，全面建立自治区旅游人才数据库，确保相关数据资料的全面性、系统性和可靠性，为制定基层文化和旅游人才开发和素质提升规划提供科学依据。

3. 建立富有特色的旅游专业教育体系

新疆院校旅游专业教育体系建设可以分为四个层次，即旅游专业硕士教育层次，旅游本科教育层次、旅游专科教育层次、旅游职业教育层次。旅游专业教育体系的建设要注重结构调整，突出特色、各有侧重，为旅游业培养开发各个层次类型的旅游人才。

4. 建立有效的培训体系

（1）建立国家、省、地市、企业四级培训体系。国家、省级旅游行政管理部门以宏观管理为主，培训职责主要为制定人才培训规划和政策，组织开展中高级人才、紧缺人才的培训，负责培训的信息交流和经验推广，负责职业资格考试的管理工作，指导、检查下级旅游局、旅游协会、培训机构开展的培训工作；

（2）调动四个方面的培训积极性。一是发挥各级旅游行政部门的培训管理作用；二是发挥旅游协会的培训服务作用，新疆旅游人才培训和人才教育应有计划、有步骤、分系列有序进行；三是发挥旅游院校、培训单位的中坚作用；四是发挥企业的自主培训作用。

（3）加强创新，切实提高培训质量。旅游行业的不断发展，社会环境的变化，员工学习需求的差异，决定了培训工作必须不断改革创新，没有创新就没有发展，旅游人才培训工作的创新包括理念创新、方法创新、内容创新、管理创新等。

5. 夯实精神文明建设体系

旅游业是劳动力密集型的服务行业，是一个地区对外开放的窗口，旅游从业人员的职业道德的好坏直接影响着旅游服务业的发展。因此，加强精神文明建设和职业道德建设对旅游产业健康可持续发展是至关重要的。在全行业开展集体主义教育、爱国主义教育、社会主义教育、中华民族共同体教育，树立正确的世界观、人生观和价值观，树立良好的行业形象，要对基层旅游从业者加大旅游职业道德教育的力度，做好职业技能与业务知识提升的同时，加强职业道德和职业意识教育，把职业道德提高到同职业技能同样的高度。

6. 实施人才建设工程，全方位提高基层文化和旅游人才素质

（1）培育高素质导游队伍。针对新疆少数民族导游人才及外语导游紧缺人才问题，加大对少数民族导游和外语导游的培养力度。目前，新疆精通普通话和维吾尔语的本土导游数量较少，远远不能满足市场需求。针对外语类小语种导游人才紧缺的问题，要加快培训这方面人才的步伐。各地市州旅游管理部门要制定对应措施，鼓励地区大中专院校、科研院所等机构的外语人才，特别是紧缺小语种外语人才，参加导游人员资格考试，从事兼职导游工作。

（2）加大管理人才和紧缺人才培养力度。首先抓好各地市州旅游行政管理部门主要领导的业务培训，其次推进有关院校举办旅游管理研究生班和成人学历班，并将逐步推行旅游企业职业经理人培训制度，提高旅游企业高层管理人员的学历层次和管理素质。通过高级论坛等形式，积极开展旅游管理人员参加的高级研讨，促进他们不断更新观念，开拓视野。

7. 优化人力资源发展环境，为各类人力资源提供良好条件

（1）营造良好的政策法制环境。建立和完善以人才评价、培养、选拔、吸引、聘用、流动、管理、激励为主要内容的政策体系，加强对旅游人才流动中知识产权、企业核心技术和商业秘密的保护，探索建立旅游人才和科研成果有偿转移制度和法规，维护从业人员和用人单位的合法权益，防止和克服旅游人才流动中的消极现象。

（2）营造良好的创业环境。支持旅游行业中的尖端人才到新疆旅游业发展最需要的地方建功，到最能发挥自己才干的领域立业。加快培育和发展旅游业创业载体，鼓励旅游企业、培训机构、高等院校和科研院所创办更多的旅游科研培训基地，逐步形成以旅游高等院校、科研机构为主体的知识创新体系和以旅游服务企业为主体的服务创新体系。

（3）营造良好的服务环境。进一步转变旅游行政管理部门的职能，深化行政审批制度改革，提高办事效率，对涉及人力资源发展的有关问题实行限时服务、承诺服务，开辟旅游业人才服务的“绿色通道”。加大对旅游业人才开发的投入力度，同时广泛吸纳社会各界投入，主要用于旅游业高层次人才、紧缺人才的培养、引进、资助、奖励等。鼓励用人单位对人才发展工作的投入，吸引国内外组织和个人以各种形式支持新疆基层文化和旅游人才的开发和素质提升。

三、学术价值、应用价值及社会影响和效益

（1）使用去向。课题成果主要用于指导地方政府对新疆基层文化和旅游人才素质提升工作，同时也为基层文化和旅游人才素质提升领域的研究者提供参考。

（2）预期社会效益。课题成果为新疆各个地区基层文化和旅游人才素质提升工作部门参考实施，引起广大乡村振兴建设者的关注，促使他们积极、有效地开展工作，提升基层文化和旅游人才素质提升工作质量。

旅居目的地的高质量发展与政策建议研究

负 责 人：吴丰林
依托单位：中国旅游研究院（文化和旅游部数据中心）
起止时间：2023 年 4—10 月

一、研究的目的和意义

旅居是人类社会发展到一定程度的新兴产物，反映了人们对美好生活质量的追求。本课题的开展具有理论与实践双重意义。（1）理论层面。将国家发展历史进程中的实践问题转化为科学研究，结合国内外相关文献与我国旅游发展实践，明晰旅居、旅居者、旅居目的地等概念与内涵，建立以主客共享理念引领旅居目的地建设的理论模型，为后续研究者提供新的思路。（2）实践层面。“人民对美好生活的向往，就是我们的奋斗目标”，洞察旅居者真实需求、把握旅居产业发展趋势、推动旅居目的地高质量发展对于提升人民生活品质、培育国民经济新的增长点、优化地方产业结构与空间布局具有重要实践意义，也是文旅产业响应国家“积极应对人口老龄化战略”“健康中国战略”的具体行动。

伴随着国民休闲意识的觉醒与旅游经验的丰富，越来越多的目的地开始在休闲度假市场发力。作为旅居目的地的核心资产，国家级旅游度假区在我国的分布呈现出“东强西大北少”的格局。为探索非竞争优势地区如何由旅游向旅居过渡发展，研究选取辽宁省作为个案展开研究。（1）辽宁旅居目的地发展的外部机遇与内生动力。梳理辽宁省文旅发展相关政策，分析辽宁省经济社会发展特点，访谈了解旅居在辽宁省的战略地位。（2）辽宁旅居目的地发展的基础条件。从气候特征、旅游资源丰度与结构、交通系统与设施配套、产业结构与融合程度等方面对辽宁省建设旅居目的地进行摸底。(3)辽宁旅居目的地发展的模式与布局。以“北方旅居胜地”为辽宁省国内市场品牌定位，各地市错位发展，形成度假(避暑)旅居、红色旅居、养老(康养)旅居、生态旅居等旅居业态与旅居子品牌；在国际市场上主推大连市“东北亚旅居之城”。(4)辽宁旅居目的地发展的对策与路径。从加大休闲度假类产品开发与项目建设、推进城乡适老化、实施文明素质提升工程、塑造推广品牌形象等方面，解放思想、稳步推进、制度支撑等角度提出发展对策与路径。

二、主要内容、重要观点、对策建议

(一)主要内容

本课题主要围绕中国旅居产业发展现状与趋势、国内外典型案例与经验借鉴、辽宁省旅居目的地建设综合分析、辽宁省旅居目的地战略布局与路径选择四部分展开。系统分析了我国旅居产业的发展前景、旅居产业的空间布局与发展现状、旅居与旅居产业的发展趋势。以辽宁省为案例，系统分析了辽宁省旅居目的地发展的基础条件、当前制约辽宁旅居目的地发展的短板，提出了辽宁省发展旅居目的地的战略布局与路径选择。

(二)重要观点

课题除了对辽宁省的旅居发展提出了相对系统的对策建议，对全国旅游产业的现状布局进行了系统归纳，主要观点如下：我国旅居产业发展很不平衡。大体表现为南迅猛、北滞后，东先进、西落后。具体表现是，华南粗具规模、华东“遍地开花”、西南“一枝独秀”、西北正在布局、东北零星点缀、华北后起直追、华中尚未布局。纵观全国旅居产业发展情况，海南、云南、广西、浙江、山东旅居产业发展名列前茅。各大城市中，三亚、丽江、昆明、大理、桂林、北海、苏州、威海、青岛、杭州、大连、珠海、舟山、苏州的旅居相关产业发展名列前茅。值得注意的是，随着“旅居养老”和休闲度假市场在我国迅速发展，全国各地都在加快发展和布局康养旅居产业。

(三)对策建议

鉴于旅居产业的特点受地域影响较大，在有限的时间内，为了提升课题对策建议的社会价值，特选择对辽宁省的旅居目的地发展制定了相对完整的政策建议。寄希望以此为突破口，后续继续研究，为全国旅居目的地的高质量发展提供系统的政策建议。

辽宁省旅居目的地发展的整体思路与政策建议如下。

1. 思路与目标

（1）发展思路

适应和把握我国旅游进入休闲度假新常态的趋势特征，坚持稳中求进的工作总基调，以提高经济社会发展质量和人民满意为中心，结合旅游转型发展和东北老工业振兴等战略的需要，做好“辽宁省旅居目的地”发展战略的顶层设计，着力完善体制机制，推进结构调整，统筹资源要素，创新发展模式，加速融合协同，努力走出一条优势突出、特色鲜明、品质保证的旅游发展新路子，全力推动“旅游”向“旅居”转变，推动辽宁省旅游发展高质量与经济社会发展高质量。

（2）发展目标

到 2027 年建成辽宁省国内知名旅居目的地，到 2030 年建成辽宁省东北亚知名旅居目的地。旅游经济结构明显改善，产业融合度明显提高，产业水平稳步提升，产业竞争力显著增强，旅游业在国民生产总值中的占比有所提高。围绕旅居开展的现代服务业体系建设取得重大进展，“北方旅居胜地”形象深入人心。旅游发展创新意识显著提升，旅居市场主体创新生态基本形成，国际化营商环境更加优化。优质旅居产品供给显著增加，围绕滨海旅居、文化旅居、养老旅居、生态旅居形成一批精品项目与产品。全民素质不断增强，主客共享的浓厚氛围广泛形成，居民获得感与游客满意度显著提高。

2. 模式与布局

根据辽宁省文旅与城乡发展现状分析，适合海滨度假旅居、红色文化旅居、养老康养旅居、生态休闲旅居等发展模式。

（1）海滨度假旅居

目标人群：京津冀地区；日韩。

发展模式：第一，高端都市度假，主要针对京津地区周末微度假市场，引进 Club Med（地中海俱乐部）等国际休闲度假村品牌，以品牌背书吸引客源。第二，分时度假，主要针对国内外具有一定旅居经验的游客，在辽宁省多地建立多个生活基地，由旅居企业联动生活基地，旅居者在每年只拥有某一时间段的度假地房产使用权，并且可以通过企业交换系统对不同房产的使用权进行交换。

城市布局：以大连市为主，丹东市、营口市、葫芦岛市作为第二梯队，锦州市后续发展。

依托资源：大连市金石滩精品旅游度假区、长山群岛旅游度假区、星海湾、城市建筑区、海昌·东方水城旅游休闲街等，丹东市鸭绿江边境风情旅游带，营口市鲅鱼圈区西部海滨旅游带，盘锦辽东湾金帛滩旅游区，葫芦岛滨海特色风情带等。

（2）红色文化旅居（社会效益为主，经济效益不突出）

目标人群：全国红二代、红三代；中小学生、亲子；国内外大学生。

发展模式：第一，重踏父辈足迹，推出7~10日与独居抗日、抗美援朝老人结对生活公益产品。第二，寒暑假深度研学，线路串联、多地互动，在寒暑假期间推出15~30日的辽宁省红色文化深度研学系列产品。以研学企业为主导，设有固定研学基地，满足住宿需求，配备品质研学导师与生活助理，实现中小学生假期托管与文化素质提升。第三，科研学术夏令营叠加地方文化深度研学，与辽宁省内高校合作，学校配备住宿，文旅企业配备研学导师，通过对辽宁省的深度了解，增强国内高层次人才赴辽深造、留辽就业创业意愿；通过国内外（含港澳台）学生交流活动，增强辽宁省旅居形象的对外传播。

城市布局：丹东市、沈阳市、锦州市、朝阳市。

依托资源：沈阳市“九一八”历史博物馆，锦州市辽沈战役纪念馆，本溪市东北抗日义勇军纪念馆，丹东市抗美援朝纪念馆、鸭绿江断桥，沈阳市中国工业博物馆、抚顺市雷锋纪念馆；九门口长城、沈阳故宫、盛京三陵、五女山山城、牛河梁红山文化遗址公园、鸟化石国家地质公园等；沈阳市、大连市重点高校；文旅创意产品。

（3）养老康养旅居

目标人群：退休且具备自主行动能力的老年人。

发展模式：第一，养老基地，与中国旅居养老品牌企业合作，建立辽宁省旅居养老度假基地，承接企业会员旅居业务。第二，养老社区，甄选城市核心区优质物业，通过“高品质持续护理养老社区＋社区嵌入式护理站”模式，开展老年人健康饮食、温泉养生、医疗保健、社交娱乐等服务，满足不同年龄阶段老人需求，提供从独立生活、协助生活到专业护理的一站式高品质养老服务。

城市布局：大连市品质旅居养老、营口市大众旅居养老、沈阳市离退休干部养老。

依托资源：大连市远离观光游客的滨海区域，营口市鲅鱼圈温泉康养区、沈阳市各大疗养机构。

（4）生态休闲旅居

目标人群：亲自然旅居者、文化创意与生活方式旅居者、房车旅居者。

发展模式：第一，旅游特色小镇，打造高品质民宿集群，以家门口的田园风光构建理想生活空间，真正实现旅、居一体，通过主客共享的双价值驱动，既提升购房者的资产价值，又满足旅居者的休闲需求。第二，文化创意与艺术小镇，以发展文化艺术产业吸引国内外自由职业者在本地定居，以文化艺术氛围营造审美生活，从而吸引普通休闲度假旅居者。第三，房车露营度假营地，以国家5A级旅游景区、国家级旅游度假区等优美自然风光为依托，丰富周边露营配套，让旅居者在更加亲近自然的同时，满足自驾游群体的基本生活要求。

城市布局：本溪市、沈阳市、大连市、营口市、锦州市、丹东市。

依托资源：第一，本溪市小市一桩景区、本溪市花溪沐温泉度假区，沈阳市棋盘山风景度假区；第二，沈阳市盛京古城，大连市金石滩盛唐岚山温泉度假智慧小镇，营口市老边网红小镇；第三，金石滩黄金海岸房车营地、银沙滩银泰房车露营公园等，东方华地城湿地温泉度假区，丹东市“长城下的边境小镇”。

3. 对策与路径

（1）发展对策

加大休闲度假类产品开发与项目建设。一是以5A级旅游景区、国家级旅游度假区、国家级旅游休闲街区、中国特色小镇、全国研学旅行基地、五星级温泉、五级养老机构、国家中医药健康旅游示范区单位等“国字号”创建为抓手，逐步打造辽宁省旅居特色品牌与示范区域。二是突出“海、泉、林、城、红”等资源优势，开发海滨、康养、生态、都市、文化为主题的休闲度假旅居产品。三是引进一批品牌国际化、引领作用强、投资规模大、服务功能全、市场预期高的特色主题型休闲度假项目。

加强旅居配套与服务建设。一是促进旅游与城市建设融合，在旧城改造和新城开发时充分融入旅游元素，构建突显地方文化特色的城市标志景观和主客共享的城市休闲空间。二是开展居停地建设，在做好现有酒店、民宿的规范基础上，重视房车营地建设、与短期租赁平台（如自如、链家）的合作、存量房产的旅居改造与销售等工作。三是加快大连东北亚国际航运中心建设，增加国际客运航班量。四是构建“快进＋慢游”交通网络，重点布局沿河（江）步道、景观绿化、景观小品等建设。

培育旅居头部企业。一是做大做强旅居上下游产业链，提升全产业链整体效益。引导旅居企业规模化、连锁化经营，孵化本地优质旅居品牌，培育龙头企业。二是与知名保险公司社区养老保险项目相结合，培育高品质的旅居养老社区基地。三是促进地方头部文旅企业和地产企业的强强联合。

推进城乡适老化建设。一是树立全省适老化建设理念，增加适老化设施和设备配置。二是推进本地养老与旅居养老服务信息与户籍、医疗、社会保险、社会救助、文化旅游等信息资源对接，实现跨部门、跨区域的信息共享和协同合作。三是为成规模的旅居养老团体在乘坐飞机、火车、汽车等交通工具时提供便利条件。

开展全省文明素质提升工程。一是在全省范围内推行主客共享理念，让分享辽宁品质生活成为社会共识。二是加强服务行业人员培训，以游客满意度调查为指导开展出租车、物业、餐饮等专项整改。三是增强市民文明素质教育，促使文明观念成为市民的共识和行动指南。

塑造推广北方旅居品牌。一是树立强势旅居 IP，打造北方旅居胜地品牌。二是以大连为主要城市，发起成立东北亚旅居城市联盟、中国北方旅居城市联盟，通过优势互补和跨地域合作的方式，携手提升东北亚、中国北方旅居目的地的产业吸引力和影响力。三是通过举办全国旅居产业发展大会等重大节会活动，扩大品牌知名度与影响力。四是与对口省市、京津冀地区建立长期客源输送合作，以前期客户满意形成口碑传播效应。

（2）发展路径

解放思想，深化改革。首先，由省委、省政府牵头，发改委、文旅厅、住建厅、农业农村厅等部门参与，组建工作专班，定期召开联席会；做好顶层设计，编制《辽宁省关于加快旅居目的地建设的意见》与《实施方案》。其次，统一思想，打破行政区域藩篱，谋求产业聚集发展，构建省市县三级旅居目的地体系，以更大的空间格局进行资源整合与配置优化，实现城市与城市、城市与乡村协同发展。最后，加大“主客共享”理念的宣传工作，提升全民对旅居概念以及对旅居对于本省市重要意义的认识；通过全省、全市工作会议、干部培训等方式，树立发展旅居是实现旅游强省重要内容的观念。

以点带面，稳步推进。首先，统筹考虑各地市的优势、劣势，做好各城市在辽宁省旅居目的地建设中的定位，实现错位竞相发展。其次，开展居停地示范基地评选，整合资源、集中力量形成品牌。再次，以点的突破带动面的发展，把居住点与景区景点有机串联起来，形成各市的全域旅居格局。最后，对旅居城市、旅居示范基地等建设效果进行评估，根据市场反馈做出适时调整。

制度支撑，人才保障。一是给予旅居企业政策倾斜，在土地供给、项目审批、设施配套、税收减免等方面给予重点扶持。二是成立辽宁省旅居者协会、养老康养协会等，维护旅居人的合法权益，发挥旅居人与地方政府之间沟通的桥梁和纽带作用。三是与东北财经大学等设有旅游管理专业的地方高校搭建旅居人才培育与输送通道，持续培育能够支撑旅居产业发展的后备力量。

三、学术价值、应用价值及社会影响和效益

本课题关于全国旅居产业发展整体特征的总结，以及对辽宁省旅居目的地建设的整体谋划，对促进全国旅居产业高质量发展、辽宁省建设东北亚旅游目的地、通过旅游业促进东北振兴等方面，相信能起到一些理论和实践作用。

非物质文化遗产数字化的呈现、体验与传播研究

负 责 人：廉同辉
依托单位：南京财经大学
起止时间：2023 年 4—10 月

一、研究目的和意义

非物质文化遗产（以下简称非遗）拥有较高的文化、社会以及经济价值，其具有延续历史和增强民族认同感、文化自信的作用，是国家宝贵的无形财富。非遗不仅是民族文化的重要根基，更是中国传统文化不可或缺的重要组成部分。党和国家对非物质文化遗产的保护、传承工作十分重视，在 2022 年国务院印发的《“十四五”文化发展规划》指出“加强非物质文化遗产保护传承，强化其融入生产生活，推进非遗进校园、进社区、进网络”。文旅品牌是地区个性与魅力的体现，可以提升地区的知名度、美誉度，增强非遗的影响力和竞争力。本课题以非物质文化遗产典型代表苏绣为案例进行研究。苏州具有丰富的历史文化底蕴，在推动文化和旅游联动发展，打造苏绣品牌，积极开展宣传活动等方面取得了积极成效。针对民众对苏绣品牌的认知及传播行为进行研究，开展苏绣品牌影响力提升与推广，扩大苏绣品牌形象的认知、增强品牌形象的吸引力和影响力。

考虑融媒体对苏绣品牌传播的影响，将融媒体环境与苏绣品牌传播密切结合，剖析融媒体环境下民众对苏绣品牌的认知、传播意愿等问题，实现“特定情境”与“特定地域”结合的品牌传播研究。有利于掌握融媒体环境下苏绣品牌的传播现状；有助于推动苏绣品牌走向全国，树立良好苏绣品牌形象；有益于提升苏州政府部门、文旅

企业和媒体等机构的文旅品牌宣传和服务水平。

二、主要内容、重要观点、对策建议

（一）主要内容和重要观点

（1）①基于品牌影响力理论以及品牌价值理论选取了5个一级指标、15个二级指标构建了指标体系，以苏绣品牌为例，选取了十个苏绣品牌在新浪微博、微信、抖音、小红书四个平台的账号数据，结合苏绣本身的特点对15个二级指标进行了具体的解释和描述，通过问卷调查法收集数据，运用熵权TOPSIS方法对苏绣品牌15个二级指标评分和排序。从实证分析结果来看，苏绣品牌在推荐意愿上得分最高，其次是印象度、形象表达、品牌理念、选择偏好。这表明苏绣在这些问卷参与者眼中的第一印象较好，能大致了解苏绣文化，愿意继续去了解苏绣。选择偏好、品牌网络传播力、品牌标识、宣传质量品牌历史文化表现较为一般，没有突出表现，不能为民众带来很好的体验和深刻的印象。②相比前面十个指标来说，符号力认知、知晓度、特色认知、内容认知、网络活跃度的得分较低，在问卷参与者的评价中得分较差，其主要反映的问题是认知问题以及宣传质量问题，当前苏绣品牌在网络宣传时缺乏宣传内容的打磨和创新，不能在与其他同类型产品区别开来的同时将自身特色和内涵普及给民众，使得民众不太清楚苏绣的特色具体在什么地方，以及可以应用到哪些方面，民众对苏绣的印象仅仅停留在名称上，对衍生品不熟悉，同时在网络上的宣传信息质量和活跃度有待提高。③从各指标综合来看，苏绣经营者缺乏品牌建设意识，系统化的苏绣品牌传播较少，消费者对苏绣的认识仅仅停留在大众印象，并不了解目前苏绣的发展情况，苏绣品牌的宣传方式缺乏独特性，形象塑造相较来说不明显，宣传力度较小。

（2）①建立了苏绣短视频传播特征感知对用户传播意愿影响的模型。本课题基于SOR模型范式，结合沉浸理论和感知—情感—态度—行为关系理论，构建研究模型。根据相关文献分析，提取苏绣短视频传播特征感知中感知新奇性、感知互动性、感知有用性和视频质量这4个自变量。根据沉浸理论和感知—情感—态度—行为的关系，抽取沉浸体验、态度作为本课题的中介变量，研究他们对因变量传播意愿的影响机制。通过实证研究，证实了本课题提取变量的合理性。②苏绣短视频传播特征对用户沉浸体验和态度的影响。根据实证分析得出，感知苏绣短视频传播特征大部分确实能够显著影响个人的情感和态度，进而促进用户传播意愿。感知新奇性对沉浸体验和态度都有显著的积极影响，表明新奇性会带动用户的情绪、新奇的苏绣短视频会使用户产生愉悦的心情、更加专注沉浸于苏绣短视频中。同时新奇性也会促进用户对非遗持正面评价或积极的态度。感知互动性对沉浸体验和态度都产生了显著的正向影响，传播者与观众的积极互动，让用户得到交互体验，产生愉悦情绪，增加对非遗的好感度和满意度。感知有用性显著正向影响沉浸体验和用户的态度，短视频用户从苏绣短视频中获取到对个人有用的信息，会更加专注于视频的内容，得到有价值的信息后会激发用户对非遗持积极、正向的看法。视频质量积极影响用户的沉浸式体验，清晰的画质、优美的背景音乐、流畅的剪辑技术会更容易让用户实现视听沉浸。③沉浸式体验和用户的态度在模型中起中介作用。沉浸式体验在苏绣短视频特征感知所包含的四个变量对传播意愿的影响中都起到部分中介作用，用户的态度在感知新奇性、互动性、感知有用性、视频质量这四个变量对传播意愿的影响中也起到部分中介作用。

（二）对策建议

（1）通过多平台宣传加大宣传力度以提高知名度。苏绣品牌建设者需要认识到这一点，抓住这一趋势，利用新媒体传播苏绣，在苏绣和民众之间建立沟通交流的平台，增强互动性和对苏绣的了解程度，拉近非物质文化遗产与民众之间的距离。在目前的新媒体平台中，微博、微信、小红书、抖音是使用频率较高的，从上文所调查的十个品牌在四个新媒体App中的数据来看，小红书和抖音在其中的数据更好，与民众的互动性更强，这在一定程度上佐证了小红书和抖音App的重要性和拥有大流量。每个App都有不同的受众群体，所以要想扩大苏绣的网络影响力就不能只专注于一两个平台，需要联合多个平台共同宣传，将信息的传播范围最大化。同时也可以借助开发以苏绣为主题的App，类似于数字博物馆，苏绣品牌建设者也可以在专业人士的支持下，打造苏绣线上博物馆模式，及时更新信息，包括举办苏绣相关活动的信息，同时发布一些关于苏绣针法等教学视频，让观看者了解“绣娘”的日常生活。此外，也可以开设交流论坛，增强传承人和大众之间、传承人之间、大众之间的交流，专业化的内容和模式一般会使得传播更有价值。

（2）创新传播形式来提高品牌网络活跃度。苏绣品牌的网络活跃度是较低的。网络活跃度是扩大网络影响力的重要方面，直接关系到民众接触苏绣信息频率。苏绣品牌在网络宣传过程中越活跃，受众就越容易接触到苏绣文化，通过信息数量对民众进行包围，让民众在潜移默化中了解苏绣。同时网络传播也是更新民众对苏绣认识的重要方式，通过调查发现，多数人对苏绣的印象仅仅停留在刺绣上，并不知道苏绣产品有哪些，随着实用性的需求不断增强，苏绣产品出现了苏绣家具、苏绣旗袍、苏绣背包等，苏绣品牌建设者需要将这些内容传达给民众，同时通过互动将民众的需求传达给苏绣企业，进行符合市场的创作。从上述十个品牌的App数据发现，粉丝量较多的账号更新频率往往是较快的，作品数量也大大多于其他账号，基于网络的虚拟性，苏绣品牌方需要通过更新视频和互动来维持粉丝的忠诚度、扩大粉丝群体。

除了传播的内容需要创新外，传播的形式也需要更新换代，结合当下的趋势进行宣传。目前直播是一种重要且流行的宣传方式，直播形式让传播者和观看者的交流互动更频繁，得到的反馈更及时，同时直播平台还能实现将相应产品、博主的苏绣短视频或直播间向感兴趣的用户准确推送，极大提升了用户观看量。通过直播，博主不受苏绣短视频时长的影响，以近距离的方式带观看者了解苏绣品牌的产品、制作过程。当前是追求精益求精精神、大国工匠精神的时代，苏绣的制作过程恰是满足了民众的需求，同时在目前的苏绣短视频和直播中，以苏绣为对象的相关视频和直播较少，娇古苏绣品牌就善用直播和苏绣短视频，在小红书和抖音App进行直播，向观看者介绍苏绣旗袍产品，展示苏绣旗袍产品，同时掺杂了苏绣的科普，从账号数据来看娇古苏绣是比较成功的，获得了数十万的关注。微纪录片也是一种值得尝试的方式，相比其他的纪录片，微纪录片能以较短的时间讲述更为丰富的品牌内容，符合当下“碎片化”的趋势，相比绝大多数的普通苏绣短视频而言，微纪录片更专业，无论是从故事的讲述方式、风格、视频的清晰度等，都经过了较为严格的选取，用镜头语言将苏绣自身具有的感染力和表现力记录呈现下来，更能体现苏绣品牌的故事和价值。

（3）IP打造和联名以深化品牌认知。鲜明的IP形象一般是一个品牌或者行业走向成功的开始，个性风格突出，会给民众留下深刻的印象，占据民众对行业的第一认知。所以苏绣行业可以鼓励各品牌打造具有自身特色的IP，利用IP增强宣传效果，打造独特地位。通过对苏绣市场的调研也发现了仿品这一问题，IP打造这一方式同时还可以有效防止抄袭，申请外形专利，保护原创者的利益。除去打造IP外，与其他IP联名也可以获得较强的宣传效果。从苏绣与盖娅传说联名推出设计到苏绣与国货彩妆品牌稀物集联名、与游戏王者荣耀和江南百景图联名以来，苏绣在网络上都掀起了讨论的热潮，对于提升苏绣的网络影响力有很大的帮助。与服饰品牌联名，体现了非物质文化遗产在服饰上的美感，与游戏和彩妆品牌联名也实现了跨界传播，更多群体接触到了苏绣，苏绣根据联名的品牌不同，展现出了不同的内涵和美感，也让民众看到苏绣的活力和兼容性。

目前粉丝经济逐渐成为关注点，随着互联网和市场经济的发展，粉丝经济的规模越来越大，甚至打破了行业的限制，涉及众多领域，具有很强的黏性作用。IP 联合和打造热点话题能帮助苏绣品牌扩大网络影响力，获得更多的热度。借助联名 IP 原有的影响力和粉丝基础，将这些粉丝吸引到新鲜的事物上，不断扩大粉丝群体，有效发展粉丝经济。从微博与苏绣有关的话题搜索来看，话题讨论量和阅读量较高的几个词条都与流量明星有关，在明星的影响下，粉丝会自发地了解苏绣并且积极为苏绣宣传。此时苏绣品牌就可以借助这一热点事件，积极参与苏绣的讨论、宣传、普及，与粉丝进行合作，当热点达到一定高潮时，非粉丝也会注意到这一现象，信息受众群体扩大，这比苏绣品牌独自宣传更有效果，更能加深苏绣的记忆点。

（4）打造特色品牌故事以提高品牌整体价值。品牌叙事是展现品牌故事和内涵所在的重要方式，叙事者借助于各种媒介文本，通过讲故事形式，展现苏绣的历史文化基因，传播其精神形态及内涵，使观看者产生情感共鸣和价值认同。讲好“品牌故事”是品牌叙事的重要环节。苏绣品牌建设者构思好“品牌故事”，需要主动且积极地向大众讲述“品牌故事”。在宣传苏绣品牌过程中要让观看者明白传播的意义和传播的价值所在，了解苏绣品牌所传递的精神文化。以苏绣非遗传承人姚建萍为例，她在微博、微信、抖音、小红书上都有自己的社交账号，相比其他品牌来说，她的网络影响力塑造是较为成功的，在除微信外的三个平台上粉丝数均超十万，点赞与收藏量过百万。从她点赞量较高的几个视频来看，以苏绣短视频的形式，展现了绣娘的工作过程，同时以超高的视频清晰度和合适的运镜手法将苏绣成品呈现给观看者，为观看者带来真实的感受，同时她以“用苏绣精品力作讲好中国故事，呈现可信、可爱、可敬的中国形象”为视频的主题，向观看者呈现了巧夺天工的苏绣技艺，以生动、鲜活、大众喜闻乐见的方式讲述“姚绣故事”。

（5）重新定位目标群体及重视年轻群体。国潮国风热显示出青年群体想要在消费社会中彰显个性自我与身份认同、传递文化与品位的渴望，是诠释传统文化的新方式。近年来年轻人对传统优秀文化的关注掀起了一种“国潮”热，越来越多的传统文化品牌再次进入大众视野，成为大众热议的话题，这是非遗品牌焕发活力的重要时机。相对于其他品牌来说，苏绣的定位多是观赏品、艺术品，实用性较低，目标群体并非年轻人。随着国潮国风的盛行，苏绣品牌也需要注意到年轻人这一消费群体，迎合年轻市场进行产品创新、内容创新、形式创新。从关注量和互动量较低的几个苏绣品牌所发布的信息来看，绝大多数不符合当下的趋势，内容是模板化的，缺乏趣味性，而点赞量较高的视频，则是结合了当下苏绣短视频中流行的音乐，宣传文案体现了温度和别样性，让年轻消费群体感受到了趣味性和熟悉感，缩小了传统文化与当代社会的距离。从问卷数据来看，问卷参与者绝大多数是年轻群体，但他们有近一半的人认为苏绣在内容、形式等方面仍需要年轻化，这在一定程度上说明了当前绝大多数苏绣品牌的网络宣传方式不符合年轻群体的需求。

三、学术价值、应用价值及社会影响和效益

（1）探究民众认知视角下苏绣品牌传播推广。探究民众认知视角下苏绣品牌影响力提升与推广研究，为苏绣品牌推广研究提供新的视角。

（2）聚焦苏绣品牌传播推广研究。提取苏绣短视频的感知新奇性、感知互动性、感知有用性和感知视频播放质量四个自变量，构建苏绣短视频传播影响用户出游意愿的模型，探究在线环境下影响苏绣品牌传播推广机制。

（3）引入熵权 TOPSIS 方法和结构方程模型研究苏绣品牌传播推广。采用熵权 TOPSIS 方法能有效测度影响苏绣品牌网络影响力的要素状况，采用结构方程模型能厘清民众对苏绣品牌的传播意愿机制。

发挥 WTA 在世界级旅游目的地标准建设和样本培育中的重要作用

负 责 人：周玲强
依托单位：浙江大学
起止时间：2023 年 4—10 月

一、研究目的和意义

世界级旅游目的地，对推动杭州文旅高质量发展具有重要意义，为此，浙江大学教授、旅游研究所所长周玲强团队开展专题调研。课题组分析了杭州旅游业发展的三大优势（战略站位支持优势、“人间天堂”资源优势、国际平台机遇优势）和三大难点（产品供给亟待创新、多方参与突破壁垒、品牌矩阵焕新活力），提出立足杭州深厚历史文化底蕴与旅游业高质量发展总体方向，紧抓 WTA（世界旅游联盟）落户湘湖的机遇，有序推进世界旅游目的地的建设，突出标准、样板、机制、政策四大要素赋能杭州旅游高质量发展。具体有四个方面对策：一是做好一套标准，以世界级的标准明晰发展路径，以“1+N”标准模式彰显世界级内涵等；二是培育一批样本，遴选四类样本培育，强化三大示范作用，以湘湖为样本，助推惊世文明走向世界等；三是建成一套机制，强化组织领导，强化督导推进等；四是出台一套政策，强化文化和旅游产业用地保障，强化金融保障落实财政优惠，建立高质量旅游业人才智库等。

二、主要内容、重要观点、对策建议

（一）时代机遇与发展优势

（1）战略站位支持优势。杭州亚运会考察浙江期间，习近平总书记要求浙江更好担负起新时代新的文化使命，在建设中华民族现代文明上积极探索。总书记的重要指示，为我们积极探索建设中华民族现代文明的城市典范指明了前进方向，为促进文旅深度融合，推动文旅产业高质量发展提供了根本遵循。杭州积极推动世界级旅游目的地建设，不仅是落实浙江省文化和旅游高质量发展主题的重要抓手，更是推动杭州历史文化名城形象品牌再升级的创新之举。

（2）“人间天堂”资源优势。杭州作为中国六大古都之一，历经八千年文明史、五千年建城史，截至目前，杭州已拥有西湖文化景观、中国大运河（杭州段）、良渚古城遗址三大世界遗产以及各处散落的人类非遗、国家级非遗超过了 50 处，而“三江两岸”水上黄金旅游线、钱塘江唐诗之路、大运河诗路和杭黄自然生态与文化旅游廊道，也浓缩了杭州文化的内涵。如何传承和保护杭州千百年来积淀厚重的历史文化，将杭州建设成为“具有世界影响力的历史文化名城”，如何通过文旅深度融合高质量发展，推动杭州建设“世界级旅游目的地”将成为杭州要回答好的时代课题。

（3）国际平台机遇优势。浙江在全球旅游产业链中扮演着重要角色，出境、入境旅游人数长期位居全国“第一方阵”。WTA 总部是杭州引进的首个世界性旅游组织，是杭州旅游发展史上的重要里程碑，对浙江杭州推动旅游国际化、建设国际会展之都意义重大，必将有力推动“诗画浙江”大花园、世界级旅游目的地品牌打造，充分利用和放大 WTA 总部落户效应，加快推进世界级旅游目的地在湘湖的样本培育工作。依托 WTA 这一重要平台，通过国际性会议组织，前瞻性议题研究，以全球化战略视野有效地调动私营企业和政府的积极性，盘活资源和资金调度，提升旅游服务，提高旅游质量进一步打响杭州城市文旅品牌，成为最具影响力的国际旅游休闲目的地。未来，景区类标准、酒店类标准、业态融合创新类标准、服务质量标准等浙江旅游的众多探索和创建，也有望通过世界旅游联盟的协同，在中国乃至国际旅游规则中占有一席之地。

（二）难点分析与重点突破

（1）文旅业态需求多样，产品供给亟待创新。拥抱年轻人，打造高质量产品供给体系，插上“数字科技”的翅膀，注重沉浸式文化感知和体验，催生新兴消费业态，使得文旅融合边界不断拓展，让优秀传统文化走向世界。相比于“80 后”“90 后”热爱山水，亲近自然治愈生活，“00 后”更注重参与体验感。跨文化背景下的文旅新产品、新创意、新业态须跟随经济全球化潮流，以创新驱动和自主品牌建设为导向，拓展创新思维和营销手段，拥抱先进数字技术，创新服务方式，打造更为丰富化、个性化、体验化的新型文旅产品和服务，逐渐推动文旅业态成为经济发展的重要动力和产业链条。一方面，杭州作为长三角青年人占比高、最能花钱的城市之一，在“子夜”经济、运动、艺术、美食及特色活动上供给不足。另一方面，入境旅游市场规模有待提升，与北京、上海、广州等城市相比，存在客流总量规模不大、客源市场的可持续性和带动性不强等问题。

（2）服务质量规范提升，多方参与突破壁垒。杭州启动“文化基因解码工程”打造一流历史文化名城工作卓有成就，但国际化水平有待突破，总体服务质量有待升级，响应世界级旅游目的地建设是一项复杂的、长期的系统工程，仍然存在不少提升空间。如与国际既有指标体系和相关国际公约的技术整合与协调问题，样本培育过程中面临政策制定、资金预算、人才培养等多部门统筹协调的问题。世界级旅游目的地标准建立及样本培育，要充分借用外界智慧，在顶层设计、产业孵化、国际营销、科学评价等多方面发力。同时需要有世界级组织机构的桥梁为目的地国际化品牌的认可背书，为样本培育畅通与多方政府、企业、专家人才等沟通交流的渠道，提供人才与技术交流平台，破解资金瓶颈，推动旅游目的地建设上档升级。在处理这些问题的过程中国际组织可以协调政府一方面对旅游行业服务设施、智慧化配套、人才资金等政策方面献言献策做好智库支持，另一方面也能协助政府引导各类生产要素合理分布和市场联动发展，畅通产业链、供应链，加强地域品牌和服务整合，厚植人文温度，推动各产业之间的互通互融与共同发展。

（3）消费期待稳步提升，品牌矩阵焕新活力。杭州现有旅游与会展、科技、工业、医疗、教育等产业融合进程较为缓慢，融合产品供给不够丰富。为更好发挥旅游业在打造世界一流社会主义现代化国际大都市中的独特作用，杭州需要不断培育新的世界级品牌，如“国际范”龙头旅游产品、“杭州韵”文化旅游产品、“时尚潮”城市休闲产品、“江南味”乡村旅游产品、“未来感”数字旅游产品和“+ 旅游”多元融合产品等，形成贴合全年龄段全生命周期、覆盖杭州全域文旅共兴产业共富、城市休闲友好的丰富世界级旅游目的地的产品体系，全面提升文旅融合发展层次，促进旅游业高质量发展。

（三）杭州高质量发展建设世界级旅游目的地的发展对策

立足杭州深厚历史文化底蕴与旅游业高质量发展总体方向，紧抓WTA落户湘湖的机遇，有序推进世界旅游目的地的建设，聚焦标准先行和样本培育工作，加快商业、文化、体育与旅游的深度融合，探索以“湘湖国家旅游度假区”为样本示范的世界级旅游目的地建设，依托“两山理论”的内涵，各样本示范地处理好保护与利用的关系，构建杭州世界级旅游目的地优质高效的产业体系。走“标准赋能、样本赋能、机制赋能、政策赋能”的旅游高质量发展之路，推动世界级旅游目的地建立，以及杭州历史文化名城形象品牌再升级。

三、学术价值、应用价值及社会影响和效益

（一）做好一套标准

（1）以世界级的标准明晰发展路径。世界级旅游目的地建设应包含世界级规划、世界级产品、世界级营销等方面的考量，必须有极致的顶层设计、极致的目标追求。建议邀请国内权威机构（浙江省标准件标准化技术委员会、浙江省标准化研究院等）、国内外顶尖权威专家、联合国相关机构、著名智库学者，以国际化的视野进行发展战略和路径研究，将这一目标具体化、标准化、项目化，明确行动路线、措施方法、评价指标。以开放的发展理念同国际化接轨，以一套国际化的标准重塑升级杭州全域旅游产品，构建世界级旅游发展新引擎，打造世界级旅游目的地。

（2）以“1+N”标准模式彰显世界级内涵。建设一套“1+N”模式的标准体系，即一套国际化世界级旅游目的地创建的通用标准，配套符合各类专项目的地的规范标准。综合类型世界级旅游目的地通用标准需要符合旅游经济认知度、社会保障支撑度、资源环境吸引度、可持续发展示范性四大方面对标国际通用标准或者国际公约；各类专项目的地标准的评定在满足通用标准的前提下，也需要有针对性地彰显各目的地龙头体验产品的“尖刀”属性。历史文化类目的地如对标与保护古村落古民居相关的国际公约，使此类文物保护与国际接轨；休闲度假类目的地如度假区，加强与国际度假区

合作，建立与国际通行规则相衔接的旅游度假区管理体制；积极培育创建世界级景区、度假区，创造一批紧跟世界潮流的新业态，开发一批具有国际竞争力的旅游商品，推进旅游产品的国际化等。乡村旅游类目的地如结合传统优秀文化提升乡村文明，让中华文明吸引并影响外国游人；建立与国际通行规则相衔接的乡村旅游管理体制等。其他类型目的地建议延续《杭州市旅游业高质量发展的实施意见》的相关工作纲领，运用国际化视野做好配套、做精产品、做深营销。

（二）培育一批样本

（1）遴选四类样本培育，强化三大示范作用。以综合类、历史文化类、休闲度假类、乡村旅游类四类世界级旅游目的地为代表，各遴选出一批符合优质化设施与服务体系、世界级资源与吸引体系、辐射性区域带动、包容性社区发展四大品质特征的目的地进行样本培育工作。着力打造几处吸引大量游人并辐射周边的休闲度假目的地、乡村旅游目的地和一批吸引高端人群与国际旅客的高品质景区、度假区等城市旅游品牌样本示范区。在保护好自然资源的基础上，以天目山、千岛湖等为代表的风光旅游要做大做强，发挥自然生态示范作用；在保护好文化资源的基础上，以杭州世界文化遗产、杭州宋韵、江南古村落旅游等为代表的文化旅游要做大做强，提质增效，发挥文化生态示范作用；以创新为动力，促进旅游与相关产业深度结合，运用文化创意、科技赋能，促使传统产业转型升级，积极培育新产业新业态，推动三次产业协同发展，发挥产业生态示范作用。促使传统观光旅游向现代休闲度假旅游升级，从旅游产业向跨界融合的现代高端服务业延伸，吸引海内外的人流、物流、资金流在杭州集聚。

（2）以湘湖为样本，助推惊世文明走向世界。从文旅融合来看，湘湖已设立省级旅游度假区，目前已拥有4个4A级景区，50余个优质产品资源，以及1个国家级文物保护单位、1个省级文物保护单位，旅游产品不断创新、景区业态持续丰富、美好生活层层叠加；从产业创新来看，“中国视谷”在湘湖起笔开建，首批“浙江院士之家”湘湖院士岛、省级未来网络（6G）未来产业先导区等未来产业纷纷落地。未来的湘湖将建设成中国最美生态湖景区、世界级旅游度假区、跨湖桥文化和吴越文化集中展示地、中国视谷和萧滨一体化核心承载地。①高品质提升空间利用。重塑山水人文格局，焕新区域整体形象，改善综合交通出行，提升整体湘湖空间利用的品质能级，利用科技赋能数字化体验场景，迎合未来市场需求，通过“文化资源 + 场景体验 + 文旅消费”的手法创新休闲度假体验，实现从“流量”到“留量”的转变。②高水平实施宣传推广。以成功举办四届“世界旅游联盟·湘湖对话”为品牌标杆，构建主要国际旅游组织互联互通、共建共享的旅游对话平台，打造国际会展之都，完善展览场地支撑，确保高端会展“拎包入驻”。以广泛性的合作链接全球资源，通过联盟主办“湘湖对话”国际旅游业高层论坛进行标准推广探索，开展世界旅游目的地国际标准交流合作，将杭州的又一张世界级金名片声名远扬。

（三）建成一套机制

（1）强化组织领导。成立世界级旅游目的地工程协调决策机构，协调决策机构下设专班，明确具体工作模式，统筹政策研究、规划编制、区域性项目建设的协调决策，构建多部门协同、省市区县联动的工作格局。定期研究协调旅游发展重大事项，统筹推进重大项目落地和资源要素保障。各县市区要成立相应工作机构，通过考察评估明确各地优质资源，为世界级旅游目的地的创建培育工作筛选潜力样本，确保各项目标任务有序推进。

（2）强化督导推进。对旅游业相关指标实行表单管理，定期集中晾晒各地各有关单位核心指标完成情况，适时组织现场督导，及时推广典型经验。引导形成政府主导、部门配合、群众参与的工作机制，建议强调各级党委政府的统筹领导，主要领导组织推动，同步推进各地创建工作如浙江省创建高质量发展建设共同富裕示范区，浙江“千年古城”复兴计划，浙江省文旅产业融合试验区，国家级、省级夜间文化和旅游消费集聚区、旅游休闲街区，浙江省未来旅游先行地，中国美丽休闲乡村创建等工作；并将创建工作纳入考核体系，年度指标完成结果与相关政策挂钩，明确责任分工，协同推进。

（四）出台一套政策

（1）强化文化和旅游产业用地保障。对旅游重点和考核居前的县（市、区）优先配给土地。鼓励市县区盘活存量建设用地和闲置的国有资产，用于旅游配套设施建设。支持乡村旅游发展项目申请使用各地乡镇国土空间规划中预留建设用地机动指标等。通过上位规划引导政府做好用地保障，建议通过现有《世界级旅游目的地创建规划》将旅游发展所需用地纳入土地利用总体规划、城乡规划统筹安排，年度土地利用计划适当向旅游领域倾斜，适度扩大旅游产业用地供给，优先保障旅游重点项目和乡村旅游扶贫项目用地。

（2）强化金融保障落实财政优惠。推动国有旅游投资平台设立、重组和运营创新，引入社会资本、国际资本参与经营。出台支持政策，建立专项基金。如由政府牵头

WTA 协同推动成立世界级旅游目的地发展基金，调动国有企业、知名旅游企业、社会资本参与旅游项目建设，促进投资主体多元化，扩大旅游产业发展投融资渠道，完善投融资政策，引导更多社会资本投入世界级旅游目的地建设。对省级立项的项目，在用地指标、项目资金、项目融资、政府专项债等方面优先支持等。

（3）建立高质量旅游业人才智库。建立智库咨询机制，重大决策吸收智库的意见建议，旨在为世界级旅游目的地创建发展提供不竭动力。借助国际组织 WTA 的平台优势，引进国际化或与国际接轨的管理团队，利用现有会员与各行业专家资源优势提供智力支持，做好相关工作的培训与分享工作。借助平台来配合政府制定并完善旅游、会展、酒店、服务、互联网等专项人才培养政策，保障精准引进高层次人才，落实高端人才奖励政策等。

杭州紧握 WTA 总部在杭州湘湖落户的宝贵机遇，发挥主人翁精神，积极联合世界旅游联盟推动国际旅游交流合作，拓展中国旅游业发展空间，借鉴世界旅游产业发展方面取得的经验，依托中国丰富的自然资源与文化底蕴，将资源禀赋转化为发展财富，通过推动世界级旅游目的地国际标准的制定进一步提升我国在国际旅游业界的话语权与影响力，从而打造中华文化和中国旅游的国际化展示窗口，增强中华儿女在世界范围内的文化自信，实现文化共富与精神共富。

县域层面旅游地形象与农产地形象融合共生及协调机制研究

负 责 人：郑鹏
依托单位：郑州大学
起止时间：2023 年 4—10 月

一、研究目的及意义

（一）研究目的

在中国式现代化进程中，乡村振兴工作是党中央、国务院为解决当前农村社会主要矛盾做出的重大战略部署。农业是乡村发展的根本，旅游是产业兴旺的方向。休闲农业和乡村旅游是农业农村发展的重要内容和途径。学术界对农旅融合的内涵、研究框架及展望、融合水平测度、路径模式、产业结构等进行了较为广泛的研究。然而从供需理论来看，已有研究成果多从产业发展视角展开研究，却忽视了农旅融合的旅游消费者视角。

对旅游消费者而言，“旅游地形象”是吸引旅游者到访的关键因素，“原产地形象”是消费者购物的重要参考。当考察旅游产品、旅游地时，涉及的概念是旅游地形象，属于旅游学研究内容；当考察农产品、农产地时，涉及的概念是农产品原产地形象（原产地形象的一种类型，为方便表达，以下称“农产地形象”），属于营销学研究范畴。尽管旅游地形象与农产地形象都是对某地形象展开的探讨，且都是各自领域的研究热点，但旅游地形象和农产地形象研究很少有交叉。然而，在现实生活中，消费者很有可能购买过某地的农产品但未曾去过该地旅游，也有可能到访过某地旅游但未曾购买过该地的农产品。那么，作为旅游行为和购物行为共同主体的消费者，旅游地形象与农产地形象是否会交互影响而融合共生呢?

（二）研究意义

近年来，基于对旅游地形象与原产地形象现实发展与理论基础的认同，开始有学者关注二者之间关系的研究，并在维度划分、交互影响、关系厘清等方面做出了探索。梳理国内外文献，只有国外学者对此展开研究，并且研究内容分散零星，并未形成规模。由于它们之间关系复杂难测，这一需大力开拓的学术方向仍然步履维艰、筚路蓝缕。然而，如果从农旅融合视角选择具有典型代表性的地理标志商标农产品进行考察，旅游地形象与原产地形象的融合共生关系就会趋于清晰和有趣。地理标志商标产品绝大多数为农林牧副渔产品，这类产品与当地特殊的地理、文化息息相关，具有经济生产与旅游开发的双重价值，是研究原产地形象与旅游地形象之间共生关系的极佳案例。那么，作为旅游行为和购物行为共同主体的消费者，其旅游行为是否会受到农产地形象的影响，其购物行为是否会受到旅游地形象的影响？旅游地形象和农产地形象如何相互促进、协调发展？

二、主要内容、重要观点、对策建议

（一）主要内容

1. 文献综述与理论基础

首先，对本课题所涉及的概念进行界定，包括形象、旅游地形象、农产地形象等。其次，对旅游地形象、农产地形象及两者结合的相关研究进行综述，对其研究脉络及现状进行梳理。最后，对本课题所涉及的态度理论、共生理论、联想记忆网络理论及原产地效应理论进行阐释，为后续研究奠定理论基础。

2. 旅游地形象代表性景点与农产地形象代表性产品的空间比较

本部分以河南省为例，通过对外省旅游者进行问卷调查探究其对河南省县域层面旅游地形象与农产地形象认知现状。对收集的问卷数据进行空间分析，对旅游地代表景区与农产地代表农产品进行空间比较分析。通过核密度与反距离权重分析探究外省旅游者对河南省县域层面旅游地形象与农产地形象认知分布状况，并对结果进一步分析。

3. 旅游地形象与农产地形象交互影响

选取河南省焦作市温县作为案例地，通过问卷调查法探究旅游地形象与农产地形象之间的关系。主要分为三个部分，第一部分以农产品象征价值与体验价值表征农产地形象，以旅游地认知形象与情感形象表征旅游地形象，以农产地信念作为中介变量，探究农产地形象对旅游地形象的影响。第二部分以原生形象、引致形象、复合形象表征旅游地形象，以农产地认知形象与情感形象表征农产地形象，以旅游地信念作为中介变量，探究旅游地形象对农产地形象的影响。第三部分主要针对上述研究结果进行讨论。

4. 旅游地形象与农产地形象协调机理研究

本部分主要通过两次实验法探讨旅游地信念与农产地信念关系，以期为旅游地形象与农产地形象协调机制建构提供证据。实验一以虚构栾川县的农产品作为刺激材料，考察消费者对农产品有较多（或较少）正面信念时，是否对该旅游地也拥有较多（或较少）的正面信念。实验二以虚构西峡县的旅游景点作为刺激材料，考察游客对旅游地有较多（或较少）正面信念时，是否对该农产品也拥有较多（或较少）的正面信念。最后，对两次实验结果进一步分析与讨论。

5. 对策建议

基于上述研究内容，本部分从湄潭县茶旅融合案例为切入点，结合相关实证结果构建旅游地形象与农产地形象融合共生与协调机制。在机制建构基础上，对县域层面农产地形象与旅游地形象融合共生及协调提供相关对策建议。

（二）重要观点

旅游地形象与农产地形象的关系是相辅相成、俱荣俱损的，既能够形成相呼应、相促进的双赢局面，也能够形成相牵绊、相掣肘的俱损境况。本课题主要观点如下。

1. 河南省县域层面旅游地形象与农产地形象融合区域较少

通过对旅游地代表景区与农产地代表农产品进行空间比较分析，通过核密度分析发现河南省县域层面兼具代表性旅游景区与农产品的地区较少，发现仅有三个热点重合区域，分别是郑州中牟县、洛阳老城区与开封鼓楼区。通过反距离权重分析发现，河南省县域层面农产品的地域分布更均匀，大面积范围都比旅游景点占优势，这与河南省是典型的农业大省密切相关。

2. 旅游地形象与农产地形象存在交互影响

以焦作温县为例，通过问卷调查探究旅游地形象与农产地形象的交互作用。一方面，在旅游地形象对农产地形象影响的研究中，构建旅游地形象对农产地形象影响的理论模型，实证分析发现游客对旅游地的原生形象、引致形象与复合形象对农产地形象均存在正向影响，旅游地信念在其间发挥中介作用。另一方面，在农产地形象对旅游地形象影响研究中，构建农产地形象对旅游地形象影响的理论模型，实证分析发现消费者的农产地形象对旅游地形象存在正向影响，农产地信念在其间发挥中介作用。研究结果证实旅游地形象与农产地形象之间存在交互作用，为旅游地形象与农产地形象融合共生提供了进一步的可能性。

3. 旅游地信念与农产地信念存在交互影响

本课题通过两次实验法分别探讨农产地信念对旅游地信念的影响程度与旅游地信念对农产地信念的影响程度。实验一研究结果表明农产地信念对旅游地信念具有显著影响且为正向影响，每提升1个单位的农产地信念，旅游地信念增加0.331个单位；每减少1个单位的农产地信念，旅游地信念减少0.437个单位。实验二研究结果表明旅游地信念对农产地信念也具有显著影响且为正向影响，每提升1个单位的旅游地信念，农产地信念增加0.232个单位；每减少1个单位的旅游地信念，农产地信念减少0.542个单位。研究结论为旅游地形象与农产地协调机制建构提供参考。

4. 基于利益相关者构建县域层面旅游地形象与农产地形象融合共生及协调机制

本课题构建县域层面旅游地形象与农产地形象融合共生及协调机制。从利益相关者出发，县域层面旅游地形象与农产地形象融合共生需要多主体的共同参与，主要包括政府、企业、当地居民、游客/消费者四个主体。并为县域地区旅游地形象与农产地形象融合提出相应建议（图1）。

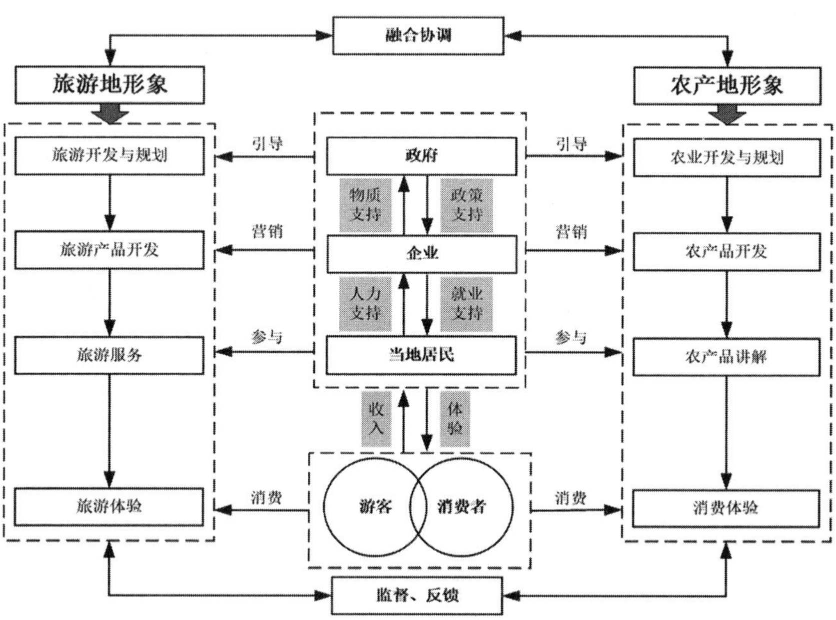

图1　县域层面旅游地形象与农产地形象融合共生及协调机制

（三）对策建议

1. 政府应当发挥“引导者”角色，推进旅游地形象与农产地形象融合

在农产地与旅游地融合共生过程中，政府通过产业资源整合、合理规划定位、基础设施建设与效果评估及改进等方面助力农旅形象融合。旅游地形象与农产地形象融合涉及不同行业和部门之间的协作，只有通过协同努力，实现资源的共享与优化配置，才能实现农旅形象融合的可持续发展。政府可以制定支持政策，鼓励企业和农户参与融合项目。通过建立多方合作的伙伴关系、优化资源配置与整合、创新产业链与价值链、推动技术与创新融合、加强人才培训与交流、建立信息共享平台、加强政策支持与监管等方式进行产业资源整合。融合过程中可能需要进行一些基础设施建设，包括交通、通信、住宿等方面的配套设施。最后，融合机制的建立需要不断进行效果评估和改进。

2. 企业应当发挥“营销者”角色，创新产品开发推动农旅品牌形象传播

首先，在农旅形象融合过程中，产品创新与差异化是实现竞争优势和吸引力的关键要素。通过创新和差异化，可以为农村旅游带来新的体验、价值和吸引力，从而推动农旅形象融合的可持续发展。其次，突出当地旅游地及农产地融合特色，因地制宜，打造适宜当地发展的农旅形象融合品牌，凸显当地特色。为了推动融合共生项目的发展，必须进行有效的品牌宣传与推广。在农旅形象融合过程中，品牌宣传与推广是提升知名度、吸引游客、推动可持续发展的重要策略。品牌的宣传与推广方式涉及品牌定位、打造品牌故事、设计品牌标识、多渠道传播、创意宣传活动、用户生成内容、合作与联动、定期更新内容、参与展会和活动等多个方面内容。

3. 当地居民应当发挥“参与者”角色，充分发挥“原住民”优势

在融合共生过程中，当地居民主要通过加强培训与积极参与建设两方面发挥自身作用。当地政府与企业应当加强对当地居民的培训，建立相应的服务标准。同时，在培训过程中，在服务标准化过程中保留当地居民的特色，如语言特色、行为习惯、服饰等。在提升服务标准的同时也需要保持自身特色。多样化培训的内容主要包括农业知识、旅游服务技能、文化传承等方面。

4. 多方主体应当充分发挥“传播者”角色，在农旅形象融合过程中保护与传承当地文化

在旅游地与农产地融合共生过程中，社会文化融合与传承是维护地方特色、增加吸引力并促进可持续发展的重要方面。尊重和保护当地的历史、传统、价值观等文化

特色，在融合发展中，要确保文化传承不受破坏或歪曲。设计开发多元有趣且富有当地特色的文化体验活动，如传统手工艺制作、民俗表演、文化展览等，让游客参与其中，了解当地文化。注重社区参与，鼓励社区居民参与融合共生的计划与决策，确保他们对发展有话语权。

5. 多方主体应当充分发挥“监管者”角色，促进农旅形象融合可持续发展

合理的监督体系主要是以政府为主体完善监管机制。制定农产地与旅游地融合开发的各项标准，包括农产品质量标准、旅游设施建设标准、环境保护标准等，确保农旅形象融合发展在安全、卫生和环保等方面得以保障。完善相应的法律法规及政策，特别是关于旅游市场、旅游规划及环境保护相关的法律法规政策，让旅游地与农产地融合在法律许可的范围内运行，明确农旅形象融合的各种权责关系，保护农民、旅游从业者、游客的合法权益。进一步发挥游客、企业及当地居民的主体作用，让不同主体均发挥监管者角色。建立信息化监管系统，在旅游地和农产地融合过程的各个环节进行监测和管理。设立投诉举报渠道，方便游客和从业者对不合规行为进行举报，及时发现和处理问题。

6. 多方主体应当充分发挥“反馈者”角色，促进农旅形象融合良性发展

反馈机制是推动旅游地与农产地融合共生的重要内容。设立游客反馈平台，让游客能够就他们的体验、意见和问题提供反馈。这可以通过网站、手机应用、社交媒体等途径实现，收集游客的评价和建议。建立与农旅从业者沟通的渠道，让他们能够分享关于服务质量、设施设备、产品供应等方面的反馈。可以定期组织会议、座谈会、线上问卷等方式进行交流。定期召开协商会议，邀请农民、从业者、地方政府代表等参与，共同讨论农旅形象融合的发展问题和改进方案。建立快速响应机制，对于紧急情况或突发事件能够及时采取措施，避免问题扩大化。综合运用以上方法，可以建立起一个全面而高效的农旅形象融合反馈机制，促进乡村旅游和农业发展的良性循环，保障各方的权益，提升整体发展水平。

三、学术价值、应用价值及社会影响和效益

（一）学术价值：联通了旅游学与营销学的研究领域

本课题拓宽了旅游地形象与农产地形象各自的理论研究范畴，重新考量、协商了消费者的旅游行为与购物行为之间关系，有助于旅游学和营销学相互获得发展的养料。

（二）应用价值：为旅游地形象和农产地形象的综合管理提供指导

在实践发展中，中国许多县域遇到了旅游地形象与农产地形象模糊混乱甚至冲突抵触的问题。本课题从旅游消费者视角探讨农旅融合，提出形象塑造、市场营销、游客引导等对策，为旅游地形象和农产地形象的综合管理提供指导。

（三）社会影响和效益

旅游业和农业作为我国重要的产业，二者都对国家和地区的经济增长和社会发展做出了巨大贡献。旅游地形象与农产地形象的融合进一步推动农旅融合，农业和旅游产业的融合发展作为乡村振兴的新引擎，为乡村注入新的活力。县域经济的发展不仅是扩大内需战略的核心，促进国民经济内外循环的重要举措，还是推动乡村振兴和实现城乡融合发展的关键支撑。旅游地形象与农产地形象作为目的地吸引力的重要拉力，旅游地形象与农产地形象融合发展创造了更具吸引力的旅游体验，促进了县域地区的可持续发展。此外，县域地区作为可以打造旅游产品与农产品的典型区域，是旅游地形象与农产地形象融合的绝佳案例，因此从县域层面探讨旅游地形象与农产地形象融合共生机制，不仅助力乡村振兴，还为旅游业与农业高质量发展增添新的动力。

“数据人”假设与智慧旅游的数据异化问题及善治逻辑

负 责 人：苏坤
依托单位：浙江旅游职业学院
起止时间：2023 年 4—10 月

一、研究目的和意义

（一）研究目的

结合当下数字时代背景，提出“数据人”假设，抓准其本质特征；深入破解智慧旅游中数据异化问题：采取积极措施预防及应对大数据异化给旅游带来的负影响，聚焦智慧旅游发展中数据异化问题的治理关键，实现“善治”逻辑。

（二）研究意义

一是提出“数据人”假设，以“数据人”假设的提出和内涵分析为研究前提，并作为理解数据异化社会现象的概念原点。为智慧旅游时代带来的数据问题提供深入的前提奠基性研究。二是探究旅游产业数据异化问题的溯因洞见。搭建溯因推理逻辑。基于对“数据人”本身的本质特征分析，探究数字异化等问题，多维深挖智慧旅游中数字异化产生的根源。三是探索“治理”到“善治”的攀升路径，形成多向治理路径与多维保障机制，为推动智慧旅游发展和数字化产业建设提供可借鉴的研究逻辑，为促进智慧旅游的数字安全治理等智慧化发展提质升级。

二、研究报告的主要内容、重要观点、对策建议

（一）主要内容和重要观点

“大数据异化”的实质是一种技术异化，是指本应起到提高管理效率、改善人类生活，促进社会进步的大数据技术，却产生了与人们预期相反的负面影响现象，小则影响居民日常生活，大则影响到社会秩序和国家安全，必须引起政府和社会各界高度重视。“大数据异化”的人性假设，本质上就是“数据人假设”，即人除了经济理性、社会理性之外，还表现出一种数据理性，文章在此元假设内涵基础上研究了当今智慧旅游化产业趋势下存在“大数据异化”现象凸显的数据主义世界观、人的行为异化、数据风险三类表征，并展开现象背后的溯因分析。而智慧旅游产业数据异化的治理是关键，如何实现“善治”才是治理最为内核的关切点和时代发展需求的最终目的。构建“法”治、“行”治、“权”治、“数”治、“人”治的闭环“EAUTO- 五元善治”理论模型，着手防范应对，搭建数据异化问题的善治支持网络，探索智慧旅游产业数据异化善治的实现路径，且对“数据人”时代如何让人、社会和国家健康有序发展，有着极为重要的意义。

1. 逻辑起点：“数据人”假设的内涵意蕴

人性假设是进行理论研究不可避开的前提，社会科学应立足于一种“元假设”的基础上研究，这种元假设主要指的是人性假设。对人性假设进行全面而深刻的剖析，能为理论体系起到强有力的支持服务，以架构的理论体系形成逻辑自洽，得以深入应用和指导实践。人性假设决定因素取决于不同时代背景及理论流派，梳理从“自然人”到“经济人”到“社会人”再到“数据人”假设的发展内涵。

2. 智慧旅游中的数据异化：形态与表征

大数据为旅游产业带来了双刃剑作用，数据异化成为不可避免的问题。以“数据人”假设视角，结合数字化背景下的智慧旅游业出现的数据异化问题，剖析旅游消费者的唯数据主义世界观、旅游“数据人”的社会行为异化、OTA 平台的数据安全风险三大形态及具体表征。

3. 根源溯因：智慧旅游数据异化的生成机制

整合智慧旅游中的数据异化形态与表征，溯因生成机制。首先，挖掘数据的自身本质，借用物理学角度解析大数据运行产生的“数据引力波”无序运行的异化特征；

其次，从 OTA 平台目前常见的“大数据杀熟”现象着手，分析“杀熟”背后的“数据黑盒”导致的数字鸿沟成因；再次，聚焦 OTA 平台权力，溯因“数据垄断”造成数据集权的根源；最后，从“数据人”社会责任意识角度出发，挖掘“责任落寞”原因诱发的伦理失范。

4. 理性回归：数据异化的批判与反思

梳理“异化”不同历史时期形成的内涵脉络，开展批判与反思，结合目前数字时代背景，以“数据人”假设视角再谈当下的数据异化，并强调治理的必要性与重要意义。

5. 善治路径：数据异化治理的理论模型和实践向度

为实现中国式现代化背景下智慧旅游的幸福感和安全感，为数据安全问题提质升级，寻求智慧旅游优质发展的攀升路径，从社会元、市场元、政府元等多协同方式打造智慧旅游治理保障体系，构建出闭环的“EAUTO- 五元善治”理论模型，搭建数据异化问题的善治支持网络及探索实现路径。

（二）对策建议

笔者以“数据人”假设为逻辑起点，以数据安全为导向，以数据异化问题为重点具象突破。从法治环境（Environment）的“法”治元、数据行业自治（Autonomy）的“行”治元、数据权力使用者（User）的“权”治元、数据技术（Technology）的“数”治元以及“数据人”本身（Own）的“人”治元，构建闭环的““EAUTO 五元善治”理论模型，搭建数据异化问题的善治支持网络及探索实现路径（图 1）。

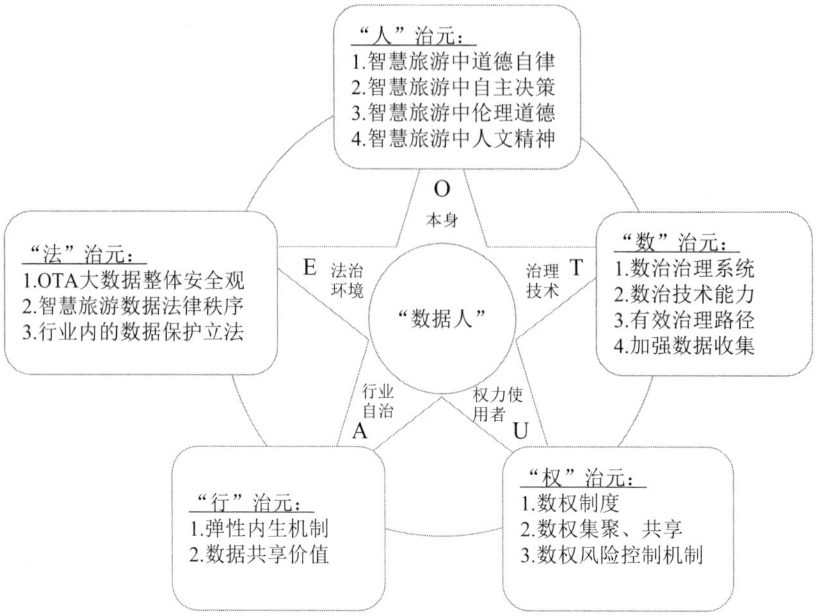

图 1 "EAUTO– 五元善治"理论模型

1."法"治元：以统一立法完善智慧旅游监管顶层设计

"数据人"所在的环境依然有社会属性，从法治角度出发，以法律为核心，有法可依是规范大数据发展的重要保障。道德伦理是软约束，而法律法规是硬要求，两者相辅相成、相互促进，才能共同完善数据异化问题治理的主线。

一是树立 OTA 平台大数据总体国家安全观，出台统一、专门的相关法律。协调好旅游产业发展与国家安全、经济效益和隐私保护、短期利益和长远规划之间的关系，出台与智慧旅游数据安全、数据治理相关的，具有指导性的保障政策或措施。二是构建智慧旅游的数据法律秩序，发挥秩序塑造功能。在数据平台中，以道德秩序为基础建立相关法律，发挥秩序塑造的功能作用。三是强调行业数据保护立法的目的，以"数据人"主体权益为核心。在以国家、市场和公民三主体为主的数据保护立法中，公民"数据人"应作为三主体的利益核心。加强基本权利保护与权益保障。赋予"数据人"主体更多的知情权、决策权、反对权、纠错权等，在 OTA 等相关平台空间建立数据权益保护制度等。

2."行"治元：以行业自律共促智慧旅游平台社会责任

智慧旅游数据异化的治理，离不开行业的"自治"，以"数据人"社交化需求侧去看，从其行业角度出发，不仅能践行行业自律、共同协作的契约精神，更是共同促进

OTA 等智慧旅游平台社会责任的重要路径。

一方面，建立行业自律规范的弹性内生机制。近年来，国内外纷纷出台针对大数据企业的“行业自律公约”，以尽快弥补大数据迅猛发展带来的规范滞后。但公约覆盖面及自律成效度有待提升。建立有效能、有可行性、与时俱进的自律规范是目前智慧旅游平台企业应该重点关注的基础核心问题。自律规范的建立，应以整体智慧旅游行业的发展为重要目标，以自律规范提升数据行业的良好秩序，同时保障“数据人”的数据权益，促进弹性的内生自律机制建成，承担协作共促智慧旅游平台良性有序环境的社会责任，为实现旅游的数字化大数据发展任务的目标共同献力。另一方面，变革行业的剩余价值向数据共享价值升华。在大数据社会环境中，共享是大数据发展最重要的引擎，使数据向数据化转变，数据的流动、共享，攻破“数据孤岛”，在共享共利情景中，产生更大经济与社会价值。OTA 企业在实现高质量发展过程中不仅需要创造经济效益，还需要创造社会效益，实现商业价值和社会责任的双赢。

3.“权”治元：以“数据铁笼”建构智慧旅游权力制约机制

数据集权是 OTA 平台等智慧旅游行业内数据异化中需重点关注的现象。以“数据人”的主观能动性行为看，从数据权力使用者出发，需要将使用数据权的主体加以规范和制约。把权力关进代表伦理道德、法律或制度的“笼子”，形成权力制衡的控制力。而当今，基于权力数据化的智慧旅游“数据铁笼”，则是以更科学和具象的方式走向权力制衡的政治文明新高度。

首先，建构智慧旅游整体及具体的数权制度。将权力边界划定清晰，在共有的“铁笼”下，针对异质的权力，分别设计专门的“铁笼”，在数据权力的使用过程、程序、原则和制度上实现统一且针对，增强权力“铁笼”的科学精准性。其次，构建数权集聚、共享的智慧旅游多元治理体系。提高开放共享的治理理念，提升走数字化发展旅游企业的数据治理的能力，将“数据铁笼”的多元主体协同整合，构建以多元主体共同协作治理，多方参与的智慧旅游数据保障机制。最后，构建高精准的数权风险控制机制。提升数据权力在智慧旅游市场行使中的轨迹数据等技术，积极预备权力风险研判、预警、处理等方案。

4.“数”治元：以技术本身构筑智慧旅游自治体系

智慧旅游数据异化的治理离不开自身的技术支持。从“数据”到“数治”出发，以数治数，将数字技术深入运用到数据治理中，构筑产业内创新的数字自治体系。充分发挥数字技术在数字治理中的有效作用。一是构建“数”治的、科学系统的行业治理框架。构建联动的治理技术体系，建立良好的数据共享开放环境，建立有效的数据管理体制机制和层级化的数据安全隐私与保护屏障，以及建立体系化系统标准规范等。二是深耕“数”治的技术能力。治理的数字化，需要利用OTA平台、工具等对组织以及组织内资源、数据、技术、流程等相关治理领域提供数字化技术支撑。开放共享、安全与隐私保护、质量评估、价值预测等关键技术，是智慧旅游“数”治技术需重点攻克的任务。三是反复在智慧旅游企业技术开发与应用实践中寻求最优治理路径。数据时代的变迁速度之快有目共睹，在智慧旅游行业治理手段滞后的情境下，更应该与时俱进，紧跟变革潮流，使数字治理技术在反复地开发与实践中进行道路摸索，不断形成符合当下的智慧旅游数智化自治的最优路径。四是加强数据的深度收集，OTA平台除了提供酒店的经营数据和历史数据外，还会提供竞争对手的数据、行业数据等信息，让酒店通过对数据的分析，找出酒店的优势和劣势。

5.“人”治元：以伦理道德建构智慧旅游治理的良好格局

从“数据人”本身出发，首先要懂得“以人为本”。大数据异化问题的有效治理要依赖于对人伦理道德的支撑。OTA平台出现的用户隐私问题、信息安全问题，甚至还有由数据鸿沟所带来的更深入的社会不公问题等。加快大数据时代背景下智慧旅游伦理道德建构的治理，可以从以下方面切入。

一是智慧旅游中“数据人”道德自律的坚持。从旅游消费端的消费前的“旅游攻略”、消费中的服务环节及消费后的评价过程等，到OTA平台企业端的旅游商品宣传、用户信息的收集、利用，平台的数据治理各方面社会责任过程等，智慧旅游中各端“数据人”都应坚守内心基本的道德良知与准则。针对智慧旅游产业的伦理道德等规范和秩序还未完全成熟。因此，此时的智慧旅游中，“数据人”的道德自律是基础。

二是智慧旅游中“数据人”自主决策范式的坚守。消费“数据人”容易对OTA平台中浏览到的主动推送信息记忆犹新，以及小红书、抖音等应用较广的平台上，消费“数据人”往往容易受到“旅游达人”“旅游大V”“网红博主”等掌握数据密码的此类人“种草”，产生去旅游打卡的冲动，将习惯于资深博主的决策替代自身决策，博主的决策代表着时尚、前沿，更有说服力。智慧旅游中，自我决策范式的坚守是坚持维护自身权益，是对自我意识的清醒维护及防止决策范式的异化发展。

三是智慧旅游中“数据人”伦理道德意识的教育及准则的建立。在新兴的智慧旅游发展阶段、行业及OTA等平台中，都应用一定的方式和手段对行业人、消费群体，不断输出符合伦理道德的具体行为范畴，用多元的方式发展社会教育，使“数据人”在大数据智慧旅游环境中形成良好的道德。

四是智慧旅游中“数据人”以“人”为本人文精神的挖掘。严格规范OTA等数据平台对消费群体数据的采集、运用，充分保障消费者的知情权、隐私权。大数据的发展必须建立在服务人类社会，保障人民人身财产安全的基础之上。智慧旅游依然要关注市场的主体——人，行业深入挖掘“以人为本”的人文精神，将成为旅游向高智慧化变革式发展的根本目标。

三、学术价值、应用价值及社会影响和效益

通过对智慧旅游产业“大数据化问题”治理路径的研究，对智慧旅游发展提出可借鉴的路径和建议启示。

首先，推动“扁平化治理”向“立体化治理”转型。在“数据人”假设基础上对智慧旅游的数据异化问题及治理展开研究，溯因智慧旅游发展的影响机制，强化治理机制的多维度协同治理。其次，推动“低位数字旅游”向“高位智慧旅游”跃升。以“数据人”假设视角起步，从智慧旅游中的数据异化问题切入，着力厘清“数据异化”的属性表征及溯因。成果在智慧旅游产业，数字化向高质量、高水准发展，探索多维度共治数字治理的路径等方面，形成可复制、可推广的经验和模式，探索出一条适合全国智慧旅游的发展道路，为破解现阶段数字治理挑战和疫情冲击等现实影响提供保障机制及创新驱动的发展路径。最后，推动“旅游大国”向“旅游强国”奋进。单纯单一性发展旅游产业已无法满足我国旅游业高质量发展需求。课题对变动趋势的客观动态呈现，对我国智慧旅游产业攀升有着鲜明的指导意义，为数字时代背景下，数据异化问题的治理提供参考依据。

我国传统节庆文化和旅游消费的衔接机制及发展路径研究

负 责 人：吴荻
依托单位：辽宁师范大学
起止时间：2023 年 4—10 月

一、研究目的和意义

本课题将研究视角投射在传统节庆对文化与旅游消费赋能领域。本课题将传统节庆促进文化和旅游消费的关键视为传统节庆与文化的衔接以及传统节庆文化与旅游消费的衔接，从而架构起基于传统节庆文化赋能与创新的旅游消费新模式，提出了基于文化氛围与文化消费创新下的传统节庆文化与旅游消费的衔接路径及相应的保障体系，以期为我国传统节庆的文化传承与创新以及旅游消费的可持续增长提供思路借鉴和实践参考。

二、主要内容、重要观点、对策建议

（一）主要内容

本课题的主要内容包括了我国传统节庆的分类与分布研究、我国传统节庆与文化衔接面临的挑战与机遇研究、我国传统节庆与文化衔接的路径研究、传统节庆文化与旅游消费的衔接路径研究以及传统节庆文化与旅游消费有效衔接的保障体系研究五部分内容。

1. 我国传统节庆的类型与分布

我国的传统节庆在各地的发展水平呈现不均衡状态。从特色传统节庆来看，主要分布在我国的中原、西南及东南地区，西部地区以及东北地区相对偏少；从发展水平来看：一是各地发展水平存在较大的差异，越是大城市传统节庆形式越丰富，但是节庆习俗相对不足；二是偏远地区虽然传统节庆呈现方式相对简单，但传统节庆风俗习惯的保护与传承更具有优势；三是偏远地区和民族地区的特色传统节庆文化发展态势良好，经济发达城市的传统节庆科技推助性较强。总体而言，我国传统节庆的发展具有良好基础和条件，尽管存在非均衡发展的态势，但是仍具有特色鲜明、文化多元性、发展潜力巨大的特征。

2. 我国传统节庆与文化衔接面临的挑战与机遇

我国传统节庆与文化衔接的挑战主要包括外来节庆文化对传统节庆冲击；传统节庆文化传承关系因人口的跨区域流动和小家庭结构而造成观念淡薄；传统节庆商业化造成的产品层出不穷，节庆氛围逐渐淡薄；传统节庆外在呈现形式的味道不足引发的精神品质未能彰显以及因传统节庆活动软硬件投融资渠道有限所导致的体验感不足。尽管面临诸多挑战，但是随着国家对传统文化复兴的高度重视，传统文化与各个领域的融合方兴未艾。文化和旅游的深度融合发展，不断推动着“旅游 +”等新业态涌现，为“旅游节庆 +”产业的发展创造了良好的条件。同时，近年来，国家十分重视乡村的建设发展，强调培育乡村新产业新业态，指明了乡村休闲旅游产业发展的重要领域与方向，为我国传统节庆在乡村的落地生根提供了良好的发展契机。此外，在城市国家也特别强调了非物质文化遗产的保护、传承与展示，突出强化了建设国家级文化生态保护区、非遗特色村镇和街区。这些举措对于城市和乡村传统文化发展根基的巩固，以及传统节庆文化前沿阵地的坚守具有十分重要的意义。

3. 我国传统节庆与文化以及传统节庆文化与旅游消费衔接的耦合

本课题将传统节庆与旅游消费的衔接定位为基于传统节庆与文化衔接基础上的传统节庆文化旅游消费。基于此，一方面从主体衔接、内容衔接、方式衔接和路径衔接分析我国传统节庆文化传承与创新的衔接路径；另一方面探讨传统节庆与旅游消费的主体衔接、方式衔接、内容衔接以及消费水平衔接，从而搭建起“传统节庆—文化—传统节庆文化—旅游消费”这种环环相扣的我国传统节庆与旅游消费的衔接框架。

4. 传统节庆文化与旅游消费有效衔接的保障体系研究

从服务衔接、视听衔接、味觉衔接、技术衔接和境界衔接五个方面打造传统节庆与文化及旅游消费有效衔接的保障体系，通过对衔接主体与衔接功能的分析架构起五位一体的传统节庆文化与旅游消费有效衔接的保障体系。

（二）重要观点

我国具有发展传统节庆旅游得天独厚的优势，本课题通过对我国传统节庆的类型与分布以及我国传统节庆与文化衔接面临的挑战与机遇的分析，明确了我国传统节庆发展的瓶颈。基于此，尝试从我国传统节庆与文化衔接以及传统节庆文化与旅游消费的衔接两方面搭建起本课题的框架体系，并提出传统节庆文化与旅游消费有效衔接的保障体系，从而有效推进我国传统节庆与文化、旅游经济的协同发展，推动地方经济的全面振兴。

（三）对策建议

1. 我国传统节庆与文化的衔接路径

第一，传统节庆的文化传承与创新间的主体衔接。传统节庆地的当地居民是节庆文化的传承者；传统节庆活动的策划者不仅仅需要对传统节庆文化的深入理解，还需要对符合当下审美、文化、体验等方面的需求进行新的诠释和创新发展；传统节庆活动服务商则需要在保护传统节庆地的自然与人文景观的同时，为旅游地提供便宜的交通、住宿、休闲与娱乐场所，从而共同架构起传统节庆文化传承与创新间的主体衔接。第二，推动传统节庆的文化传承与创新的内容衔接。传统节庆的文化传承所蕴含的文化是相对稳定且需要保留的，而其内容在呈现方式、呈现载体、呈现空间等方面则可以考虑结合现代技术、设施、设备等开展多元化创新发展。第三，推动传统节庆的文化传承与创新方式的衔接。从艺术衔接方面强化艺术的再创造，具体包括传统节庆文化符号的提取与再生产与传统节庆文化活动的艺术化展示；技术衔接则体现在传统节庆活动与技艺同现代技术间的衔接。同时，传统节庆中的传统技艺也是其重要的组成部分之一，当传统技艺与现代文化进行碰撞与衔接时，将产生新的节庆活动元素、活动方式和呈现方式。第四，传统节庆的文化传承与创新的路径衔接。一是加强传统节庆的艺术性与文化深度，以更新颖的表达方式、更丰富的呈现形式实现传统节庆与艺术和文化的衔接。二是“破圈”式衔接。尝试与文化圈、演艺圈、教育圈等不同的圈层产生交集，逐渐完善传统节庆的文化、旅游、休闲、商务等功能，打造以传统节庆为核心的文化综合体。三是文艺舆论的引领衔接。文艺舆论通过赋予传统节庆文化更强的黏性，将更多的文化元素、文化风尚、文化契机引入传统节庆领域，使传统节庆呈现新的活力和新的发展领域与方向，从而最终肩负起传统节庆文化传承与创新的有效衔接。

2. 传统节庆文化与旅游消费的衔接路径研究

一是传统节庆文化与旅游消费的主体衔接。传统节庆文化的传承与发展需要一批把握中国传统文化精髓，又同时具备兼容并蓄的创新精神的文化开拓者去探索传统节庆文化的传承与创新发展，以及对那些能对中国传统文化所蕴含的精神理念、思想精髓进行深刻解读并转化为节庆服务与产品的领路人。这两类人以传统节庆为纽带，以文化传承为目标，以创新发展为理念，通过将无形的传统节庆文化转化为能够为旅游消费者认可、接纳和渴望的产品，以文化为内涵，以实物为载体，以精神为指引建立起传统节庆文化与旅游消费者间联结的纽带来实现传统节庆文化与旅游消费的有效衔接。二是传统节庆文化与旅游消费的内容衔接。因传统节庆需要具备整合文化与旅游消费的综合衔接能力，才能够最大限度地通过传统节庆文化的呈现拉动地方旅游消费。因此，传统节庆文化与旅游消费的衔接是由风俗习惯所形成的情境衔接、歌舞戏曲表演所构成的视听衔接、传统节庆美食所引发的味觉衔接以及艺术作品带来的境界衔接组成。三是传统节庆文化与旅游消费的方式衔接。一方面是传统节庆文化与旅游消费意识的衔接，旅游节庆文化的产品和活动能够影响或引导旅游者的人生观和价值观，使旅游者产生一种对传统节庆文化较强的心理倾向和价值判断。另一方面是传统节庆文化与旅游消费习惯的衔接，主要通过节庆文化产品的开发以及节庆活动、展览的举办，使节庆地区能够提供适应不同客源市场旅游消费习惯的节庆旅游产品和服务，并最大限度地满足旅游者的消费需求使旅游者愿意重游和重购。四是传统节庆文化与旅游消费水平的衔接。旅游地需要从旅游消费品的数量、质量、服务等方面满足旅游者对传统节庆的认知，使传统节庆文化产品具备一定精神品质和实用功能，从而实现传统节庆文化与消费的对接。

3. 传统节庆文化与旅游消费有效衔接的保障体系研究

从服务衔接来看，旅游企业主要提供旅游产品与服务的供给，由于不同的旅游企业提供的旅游产品与服务的不同，导致与其合作的企业具有一定的差异。在其衔接过程中新闻出版企业主要负责旅游企业的文化产品的推广与宣传；广播影视企业则在合适的条件下通过广播和影视作品宣传和展示旅游企业的景观、活动以及演艺等；文化艺术则通过展览、演出、文艺、音乐、电影、舞台剧等各种文化活动的策划和执行建立与旅游企业和旅游消费间的桥梁。体育休闲企业则负责通过依托旅游企业组织体育和休闲类活动，树立旅游企业独特的旅游品牌与情境，提升旅游企业的知名度与影响力。文化服务型企业则主要为旅游企业提供综合服务保障，促进传统节庆文化与旅游消费的服务衔接。

从视听衔接来看，节庆旅游离不开喜庆热闹的气氛，人们通过视听感受节庆的气氛渲染，获取节庆文化信息，感受节庆魅力。视听衔接主要需要新闻出版企业承担节庆活动的宣传与报道工作，通过题材广泛、内容丰富的新闻素材，提升节庆的影响力；广播影视企业则通过优秀的视频和影视作品突出传统节庆的艺术感染力，以达到吸引来自各地游客的目的；文化艺术企业可通过目前先进的展演技术提升展演的文化性和艺术性，通过增强文化展演、剧目、活动报道的视觉和美学效果，促进传统节庆文化与旅游消费有效衔接。

从味觉衔接来看，中国的美食文化源远流长，作为节庆旅游体验的重要部分，美食的味觉体验与节庆文化、当地饮食文化、美食的艺术文化以及当地的传统文化与精神等的有机结合，依托网络信息资源的共享、新闻出版企业以及文化传播企业的助力，通过举办节庆美食节，绘制地方美食地图，抖音、小红书等主播的宣传，主打地方特色美食、地方传统文化，科普传统节庆能够进一步深化传统节庆与餐饮消费的衔接。

境界是依托人的感知力所获得的思想觉悟和精神修养。在节庆旅游中，境界衔接更侧重于传统节庆通过对人的感知力的影响而对游客的思想觉悟和精神修养产生深刻的影响。因此，一方面，境界衔接需要深入挖掘能够深刻影响人们思想与精神品质的自然奇观、人物事迹、传说故事、演艺与展览活动中所蕴藏的人类美好的品质与精神，并通过文化、艺术与技术整合的方式以旅游者喜闻乐见的方式呈现出来，最终引发旅游者深刻的思想共鸣与道德和文化追求，从而产生难以忘怀的节庆体验。另一方面，也可以依托科技手段通过光影与特效营造传统节庆独特的艺术感染力。

当今时代，技术是传统节庆文化展示与传播的重要手段。传统节庆与旅游消费的技术衔接不仅仅体现在传统节庆旅游消费的支付方式与手段方面，还包括通过不同的技术手段与方式将传统节庆文化进行呈现和展示，如光影技术、增强现实技术（AR）、虚拟现实技术（VR）等，通过这些技术可以将传统节庆中的故事场景进行还原，增加视觉冲击力，使旅游者获得良好的沉浸式体验。以及通过智能灯光表演、智能烟花表演等增强节庆活动的视觉效果，或者采用电子乐器和音效设备创造出节庆活动丰富的音乐层次和声音效果。此外，在节庆活动中为避免人流和车辆的拥挤，还可以开展智能交通管理等。

三、学术价值、应用价值及社会影响和效益

本课题厘清了我国传统节庆的类型分布规律，明确了我国传统节庆与文化衔接面临的挑战与机遇，并由此提出了我国传统节庆与文化的衔接路径以及传统节庆文化与旅游消费的衔接路径，最终提出了我国传统节庆文化与旅游消费有效衔接的保障体系，以期为我国传统节庆的振兴、发展与创新提供理论支持和实践借鉴。

公共文化服务和旅游公共服务数字化可及性研究

负 责 人：李慧芸
依托单位：中国旅游研究院（文化和旅游部数据中心）
起止时间：2023 年 4—10 月

一、研究目的和意义

党的二十大报告提出要以中国式现代化全面推进中华民族伟大复兴，公共文化服务和旅游公共服务的高质量发展成为中国式现代化道路的时代命题和必然要求。新时代公共文化服务和旅游公共服务的出发点和着力点不再仅是满足人民群众一般的、中低端的文化和旅游需求，而应积极回应人民群众美好文化生活诉求，要面向普遍大众，更方便、有效、均等地提供"匹配"的优质服务。其中，"数字化"作为公共文化服务和公共服务高质量发展的重要抓手，是跨越传统文化和旅游公共文化服务体系的重要环境、目标与媒介。公共文化服务体系和旅游公共服务数字化建设的测评指标重点不应再是基础设施、服务资源和人才队伍，而是价值建设、内容建设和服务方式。因此，测度数字化服务便捷性、效率和质量的公共文化服务和旅游公共服务可及性研究至关重要。

二、主要内容、重要观点、对策建议

（一）公共文化服务和旅游公共服务

在人民日益增长的美好生活需要、文化和旅游不断深入融合发展、公共数字文化和智慧旅游服务不断创新的背景下，公共文化服务与旅游公共服务深度融合发展。

1. 公共文化服务内涵

公共文化服务是指由政府主导、社会力量参与，以满足公民文化需求为主要目的而提供的公共文化设施、文化产品、文化活动以及其他相关服务。公共文化设施是指用于提供公共文化服务的建筑物、场地和设备，主要包括图书馆、博物馆、文化馆（站）、美术馆、科技馆、纪念馆、体育场馆、工人文化宫、青少年宫、妇女儿童活动中心、老年人活动中心、乡镇（街道）和村（社区）基层综合性文化服务中心、农家（职工）书屋、公共阅报栏（屏）、广播电视播出传输覆盖设施、公共数字文化服务点等。公共文化服务体系就是保障公民基本文化权利、满足公民公共文化需求的文化产品生产与服务的体系，包括社会性的公共图书馆事业、科学与科普事业、教育事业、文化遗产保护事业、文学艺术事业、新闻媒体事业、体育事业、休闲娱乐事业等，由公共文化政策体系、公共文化基础设施体系、公共文化生产运营体系、公共文化信息体系、公共文化资金保障体系、公共文化创新体系、公共文化监督和评估体系等要素构成。国家“十四五”规划提出，要完善公共文化服务体系，提升我国文化治理效能，完善文化市场综合执法体制。

公共文化服务的内涵一直在不断完善中。早在 2002 年，中共十六大报告提出切实保障人民群众的政治权利、经济权利和文化权利，主要途径是发展公益性文化事业，由此开启我国研究和实践发展公益性文化事业的进程。2005 年，中共十六届五中全会提出逐步形成覆盖全社会的比较完备的公共文化体系，“公共文化”一词开始走进大众视野。党的二十大报告指出：“实施国家文化数字化战略，健全现代公共文化服务体系，创新实施文化惠民工程。”高质量的公共文化服务是保障人民文化权益的基础，也是文化强国的基石，是提升国家软实力和发展结果惠及人民程度的重要引擎。

2. 旅游公共服务内涵

旅游公共服务主要为“更好发挥政府作用，营造良好的基础环境、发展环境和公共服务环境”，旅游公共服务大致有两个层面的内容：事业宏观发展层面和服务供给层面。本课题重点研究供给层面的服务。服务供给层面的内容包括：各级政府为持续提高旅游服务质量和旅游人群的参与度、获得感、满意度，结合旅游服务实际运行的服务标准、集散系统、服务主体、辅助设施、服务平台、应急系统等核心要素；而营造并提供的微观服务环境包括：旅游服务标准、旅游集散系统、旅游咨询服务及景点线路导引系统、旅游产品研制开发推广、旅游行业主题教育与培训、旅游辅助设施建设与提供、旅游公共服务平台建设与运行、区域旅游公共服务一体化推进、面向乡村及老少边穷重点地区旅游发展扶持、面向特殊人群的扶持性旅游服务、旅游应急保障系统建设等。

事实上，关于旅游公共服务，目前法律、政策层面还没有明确、具体的界定和阐释。旅游公共服务自2006年党的十六届六中全会提倡“服务型政府”后得到关注。在“十二五”旅游公共服务专项规划中，涉及的内容包括建设旅游公共服务“五大体系”：旅游信息咨询服务体系、旅游安全保障服务体系、旅游交通便捷服务体系、旅游便民惠民服务体系、旅游行政服务体系。“十三五”的旅游公共服务专项规划部署了“九大任务”，包括完善旅游基础设施、优化旅游交通便捷服务体系、提升旅游公共信息服务、大力推进“厕所革命”、构建国民旅游休闲网络、加强旅游惠民便民服务、构筑旅游安全保障网、优化旅游公共行政服务、推动旅游公共服务走出去。虽然“十四五”国家层面没有出台旅游公共服务专项规划，但《“十四五”旅游业发展规划》中涉及了旅游公共服务，如完善智慧旅游公共服务、完善旅游公共服务设施、推动文化和旅游公共服务共建共享、创新旅游宣传推广、加强旅游法治建设、加强旅游安全管理等。

3. 公共文化和旅游公共服务内涵

上述公共文化服务和旅游公共服务两个概念之间，存在一定的交叉或重合。实质上，文化和旅游融合，揭示出公共文化服务可以与旅游甚至更多的潜在领域形成交叉，可在“公共”“文化”特质的基础上，建构新的服务形态。公共文化服务设施同时是社会公认的旅游服务设施，如博物馆、科技馆、纪念馆等；公共文化服务泛在性、广域交叉性、多元互动性以及服务形态的融合性由此而得到显现。部分旅游服务设施具有叠加公共文化服务的潜在功能，如游客集散中心、游客咨询接待设施、旅游辅助设施（旅游厕所等）。

本课题依据居民日常公共文化和旅游服务需求，建立的基本理念、遵循的基本原则是“主客共享”，即不论是公共文化服务还是旅游公共服务，都能为当地市民和外来游客提供同样的享用条件和环境。

（二）数字化

在数字政府建设、数字技术赋能公共服务高质量发展已成为国家战略选择的背景下，公共文化和旅游公共服务供给模式发生转变，数字化成为其转型的新方向。公共文化和旅游公共服务数字化转型，即由基于信息技术的网络化供给向基于大数据等技术的数字化供给发展的过程。在大数据驱动下，公共文化和旅游公共服务供给朝着主体多元协同、方式集成便捷、内容精准个性和效果标准可视的方向转变。

目前，学术界就大数据等数字技术与公共文化和旅游公共服务的结合方式进行了探讨，不断将大数据技术应用于公共文化和旅游公共服务需求表达、信息挖掘、协同治理和评价反馈全流程，并在大数据等技术使用背景下，从感知、挖掘、辨别、供给和评估五个环节构建了公共文化和旅游公共服务需求精准识别机制。为实现大数据驱动的公共文化和旅游公共服务精准管理，从需求反馈、信息安全、基础设施、人才培养和激励机制五个方面构建保障体系。同时，也应该更加注重营造创新生态系统、建立伙伴关系、开辟多种服务交付渠道等，不断挖掘创新发展数字化公共服务的条件。

1. 公共文化服务数字化建设内容及路径

我国公共文化服务数字化建设最早可追溯至2002年开始的“文化共享工程”试点。“十一五”时期，“文化信息资源共享”与“农村电影数字化放映”等工程的协调部署为全国数字网络服务体系下各领域、多群体间的文化知识普及奠定了设施和技术环境。在此时期，“公共文化”和“数字”并未融合成为全新概念，仅在部分领域实现了对数字和网络技术的应用。国家从农村基层入手，以惠民工程消除社会数字鸿沟。随着“‘十二五’时期数字图书馆工程和公共电子阅览室等公共数字文化惠民工程相继落地”，“公共数字文化建设”作为一个全新概念被正式提出。公共文化服务基础设施的信息化水平显著提升，供给体系更为精准，其中公共数字文化作为其中的重要组成部分，以数字资源、技术和服务扎实布局有效地拓展了服务能力和范围。“十三五”时期的公共文化服务主要从公共文化服务网络构建、资源建设管理、服务方式创新等方面明确建设目标，并聚焦“国家公共文化云”构建、文化遗产保护与法治体系，开启了以新型公共文化服务云为主要模式的公共文化服务与科学技术相融合的整体局面。但是这一阶段仍停留在硬件方面，即公共数字文化建设以基础设施、资源平台与文化组织的数字化助力公共文化服务普适性的提升。在文化强国的战略背景下，“大文化”的新思路将文化数字化范畴再定义，重新谋篇布局文化资源的生产与传播，将高质量发展的价值理念融入国家文化大数据体系建设，以数字化、网络化、智能化形式不断突破公民文化服务的嵌入力度，以“公共服务”与“数字”共创价值共同体，以人民为中心的核心理念作为数字网络技术实践的方向，指明中国式现代化背景下的公共文化服务治理方向。

2. 旅游公共服务数字化建设内容及路径

旅游公共服务数字化建设主要以景区为代表展开推进。景区的数字化、智慧化发展，通过信息化举措来提升景区的安全化、标准化管理，满足游客对旅游个性化服务的需求，提供智慧化公共服务，推动景区提质扩容发展。以官网、App为代表的“互联网+”等应用相对广泛，可实现“在线订票、在线咨询、在线客服”的基本公共服务功能。随着互联网技术在全国景区不同程度的落地，官网、微博、微信公众号及App逐步成为景区标配，满足游客目的地信息获取、交通线路查询，景区门票预订，目的地美食、娱乐等项目的筛选等。以5G、AR、人工智能等为代表的新信息技术应用，将旅游产品和旅游体验扩展到虚拟旅游领域，提供更加丰富的展示方式，产生更多全新的产品形态，持续优化游客体验，提高游客对景区满意度。科技新时代，以科学实用的运营系统为代表的管理应用，高效提升景区管理水平，同时也为游客带来更好的公共服务体验。

（三）可及性

近些年来，我国基本公共服务政策文件相继出台推行，“可及性”逐步被引入公共文化服务领域，对全面推动公共文化服务体系均衡发展起到了积极引领作用。2015年，《中共中央关于制定国民经济和社会发展第十三个五年规划的建议》中明确要求政府提供公平可及的公共服务。十九届四中全会审议通过的《中共中央关于坚持和完善中国特色社会主义制度推进国家治理体系和治理能力现代化若干重大问题的决定》明确提出“完善公共服务体系，推进基本公共服务均等化、可及性”，为优化政府职能体系指明了行动方向。

公共服务可及性是一个非常灵活的概念，其含义涉及3个方面：公共服务的获取者，包括人们的教育程度、收入水平、偏好程度等因素；公共服务设施特性，如种类、规模、数量、等级程度等状况；公共服务涉及的交通网络，不仅指交通费用，还包括旅行时间、舒适度等方面。事实上，公共文化服务的可及性理论最早兴起于公共卫生领域，由罗纳德·安德森（Ronald Andersen）提出，即虽然每个公民获取服务的便利程度不同，但应让每个公民都能享受到平等的医疗服务。之后卡塔琳娜·托马斯瑟夫斯基（Katarina Tomasevski）在《以权利为基础的教育手册：简化全球人权要求》

一文中，将以权利为基础的教育战略框架概括为可获得性（Availability）、可接近性（Accessibility）、可接受性（Acceptability）和可适应性（Adaptability）的“4A”理论框架。1981 年洛伊·潘查斯基（Penchansky R）和威廉·托马斯（Thomas J W）将可及性理论扩展为可获得性、可接近性、可适合性、可承受性和可接受性的 5A 框架，成为研究公共文化服务可及性的重要理论基础。

2014 年吴理财首次提出“可及性”，在借鉴 T.Katarina 相关研究的基础上将公共文化服务的可及性定义为服务体系与其服务对象需求“适合度”的评价。2015 年吴理财等以“公民能否便捷及时地获得公共文化服务体系提供的文化服务，以及公共文化服务体系通过公共文化服务是否能满足公民的公共文化需求”来定义可及性。同时该定义一直被图书馆、博物馆等多领域的公共文化服务可及性研究沿用。至此我国公共文化服务可及性概念及相关研究开始偏多。2019 年姜亦炜等人在吴理财关于公共文化服务可及性的概念中，增加了对其整体性多维度综合考察的考量。2020 年冯献等人将可及性的概念定义为离不开客观上服务设施的时空可达性和主观上需求者对服务的评价。2021 年何义珠等人认为公共文化服务的可及性是指服务的距离、时间、内容、形式等便于公众享受服务的内容。综合以上，目前学术界并未对公共文化服务可及性的内涵形成统一且明确的定义，但主要集中在“匹配”和“适合”这两种认识上。可及性内涵的研究，同理为公共数字服务可及性要素的确定界定了范围。

关于旅游公共服务表达更多的是可达性。可达性的概念由美国学者 Hansen 于 1959 年首次提出，将其定义为交通网络中各节点相互作用的机会大小。可达性在广义上指的是从既定地点到达进行相关活动地点的难易程度，如公园绿地、医疗设施、旅游景点等。关于可达性的研究在公共服务设施评价方面有着较为广泛的应用，同时其也是测度公共服务供给和民众需求之间空间差异性和公平性的重要理论基础。1992 年 Khan 研究指出公共服务设施的可达性可以根据准则空间、非空间、潜在和实际分成四类：潜在空间可达性、潜在非空间可达性、实际空间可达性和实际非空间可达性。实际可达性侧重于公共服务设施的实际使用状况；而潜在可达性侧重于所有潜在的人群对公共服务设施的可利用性，并不是公共服务设施的实际使用状况。空间可达性侧重于地理空间因子的阻碍或者促进作用，如地理空间上距离远近对可达性的影响；而非空间可达性强调的是非地理空间因子的作用，如社会等级、年龄、收入等因素是如何影响居民获取公共服务资源。

可达性在旅游活动中占据重要地位，也是决定旅游目的地服务水平的重要依据，在旅游可达性层面上，当前的研究主要包括社区公园和旅游景点的可达性程度，研究范围大多集中于城市内部以及大型城市节点间，鲜有旅游公共服务的研究。游客在抵达旅游吸引物的过程中往往需要克服旅游吸引物在地理空间上的分异而导致的距离成本增减，因此游客抵达旅游目的地的难易程度决定着该地区景区的可达性程度，同时也影响民众对于旅游公共服务的满意度。

本课题中，公共文化和旅游公共数字化服务可及性是指公众、公共文化和旅游公共数字化服务体系之间的“适合度”，即供给和需求之间的匹配程度。随着国家政策的大力支持、公共数字文化工程和智慧旅游的不断推进，我国公共文化和旅游公共数字化服务已取得一定成效，在此基础上，增进公共文化和旅游公共数字化服务的可及性，为民众提供更加丰富、更为便捷、更高质量的服务已成为现阶段的一项重要任务。

总而言之，本课题将构建公共文化和旅游数字服务可及性框架，从可知晓性、可接近性、可获得性、可接受性、可适应性五个要素方面设计调查提纲，对我国公共文化和旅游数字化服务的可及性现状进行调查分析。

（四）公共文化服务和旅游公共服务数字化可及性现状调查

1. 调查设计

（1）调查内容设计

本课题结合当前国内公共文化服务和旅游公共服务现状，借鉴国际卫生服务研究领域和教育领域中具有权威性的评价模型，从可知晓性、可接近性、可获得性、可接受性和可适应性五大方面，研究公共文化服务和旅游公共服务数字化可及性内容（表1）。

本课题依据公共文化服务和旅游公共服务数字化可及性框架，设计了调查问卷，经课题组多次研讨并结合专家建议，最终确定调查内容。

表1　公共文化服务和旅游公共服务数字化可及性指标框架

维度	要素	调查内容
可知晓性	宣传推广	是否知道公共文化和旅游公共数字化服务的存在
		是否知道如何获取公共文化和旅游公共数字化服务
		是否对公共文化和旅游公共数字化服务的宣传推广活动有所了解

续表

维度	要素	调查内容
可接近性	服务空间半径	到达公共文化和旅游公共数字化服务场所的交通成本是否合理
	服务时间	对服务场所规定的开放时间是否满意
		日常到访的场所开放时间是否满意
	特殊服务	公共文化和旅游公共服务数字机构是否为弱势群体（残疾人、农民工等）提供特殊服务
	免费开放	是否能免费获得公共文化和旅游公共数字化服务
		是否能够接受获取服务所花费的金钱成本
可获得性	数字设施设备	是否经常使用场所的数字化设备
		场所数字化设备的配备数量能否满足使用需求
		场所数字化设备的质量是否能满足使用需求
	文化和旅游数字服务平台	服务平台的线上功能能否满足使用需求
	文化和旅游数字资源	公共文化和旅游公共资源的数量能否满足需求
		公共文化和旅游公共资源的种类能否满足需求
		公共文化和旅游公共资源的质量能否满足需求
	人才配备	对公共文化和旅游公共人员的服务是否满意
可接受性	利用便捷度	获取公共文化和旅游公共数字化服务的操作流程是否感到满意
	内容贴合度	公共文化和旅游公共数字化服务是否贴合需求
可适应性	供需互动	是否参与过服务机构组织的满意度相关评价
		需求反馈是否得到反馈

（2）调查方法

为进一步提高调查数据质量，提升研究质量，本课题采用线下随机抽样的方法开展调查。相较于目前广泛流行的网络调查方法，本课题的调查数据更科学。

2. 调查样本特征与信度效度分析

（1）调查样本特征

从年龄比例来看，本课题的调查者中18岁以下的占比为1.0%，18~30岁占比为53.1%，31~40岁占比为29.2%，41~50岁占比9.4%，51~60岁占比1.0%，60岁以上占比6.3%。样本年龄结构基本与全国2022年互联网用户年龄结构相似，符合公共数字化服务对象群体的年龄结构。

（2）信度效度

可及性评价维度和框架是公共文化和旅游公共数字化服务可及性研究的一个重要

内容，本课题采用以问卷为工具的调查研究。实际中，在问卷设计、量表设计时，需要对问卷、量表进行信度和效度的检验，以判断通过它们获取的数据的可靠和有效程度，保证所收集到的数据真实、可靠、有效。即效度是具体考察调查问卷中每一题项的能效性，即每一题项对于调查而言是否发挥了重要作用。实验中，采用线下随机调查问卷，共收回有效问卷 110 份。数据显示：KMO 和巴特利特检验值为 0.922（大于 0.7），显著性水平小于 0.001，故原始数据适合通过探索因子分析来检验效度（表 2）。累计方差贡献率为 52.636%（大于 50%，在市场中已经符合要求）。即问卷的每一题都满足需求，通过检验，调查问卷设计合理有效。

表 2　KMO 与 Bartlett 检定

Kaiser-Meyer-Olkin 测量取样恰当性。		0.922
Bartlett 的球形检定	大约卡方	1921.154
	df	253
	显著性	0.000

3. 调查结果分析

（1）可知晓性

可知晓性指的是公众对公共文化和旅游公共数字化服务的认知程度。认知和了解是参与和利用的前提，可知晓性决定公众能否获取公共文化和旅游公共服务数字化服务。可知晓性要素主要包含宣传推广方面，即公众是否知道公共文化和旅游公共数字化服务的存在、如何获取服务，以及是否对相关宣传推广活动有所了解。

宣传推广。宣传推广要素的调研结果表明，超六成的被访者了解公共文化和旅游公共数字化服务。其中非常了解和比较了解公共文化和旅游公共数字化服务的调查者共占 34.7%，一般了解的为 26.7%，不了解的占比为 38.6%。在如何获取公共文化和旅游公共数字化服务中，约五成的被访者了解如何获取公共文化和旅游公共数字化服务。其中了解的占比为 34.7%，一般了解的为 20.8%，不了解的占比 44.5%。在公共文化和旅游公共数字化服务的宣传推广活动了解中，了解的占比为 30.7%，一般了解的占比为 22.8%，不了解的占比为 46.5%。结果表明，调查者对于宣传推广最不知晓，可见公共文化和旅游公共服务机构关于数字化服务的宣传工作还有进一步提升的空间。

（2）可接近性

可接近性调查的是公众寻找公共文化和旅游公共数字化服务意愿的影响因素，包括服务机构的空间半径、服务时间和服务水平。一般来说，优化资源配置与空间布局是提升公共文化和旅游数字化服务可接近性的主要路径。优化资源与服务配置布局的本质是弥补信息弱势地区和弱势群体的资源和服务劣势，主要包括特殊区域服务、特殊人群服务与总分馆建设三个方面。

服务空间半径。服务机构的场地选址会影响公众花费的交通成本和时间成本，从而影响公众寻求数字化服务的意愿。在对交通成本满意度方面调查，对到达最近服务机构花费的交通成本和时间成本中，选择非常满意、比较满意的占比分别为10.9%和28.7%。满意累计占比39.6%，感觉一般的占比为48.5%，11.9%的选择不满意。数据结果显示，目前公众对于到达公共文化和旅游公共数字化服务的服务空间选址的交通成本和交通时间成本的满意度有待进一步提升。

服务时间。服务时间主要调查服务场所的开放时间段是否令公众满意及公众认为其是否经常开放。调查结果显示，对于场所规定的开放时间，非常满意和比较满意的占比为59.4%，一般为31.7%，不太满意的为8.9%。整体来看，近六成被调查者对于服务场所的开放时间比较满意。对于日常到访的场所规定的经常开放，感到非常满意、比较满意的占比分别为9.9%和50.5%，共计60.4%，一般为31.7%，不满意的为7.9%。数据结果显示，目前公众对于公共文化和旅游公共数字化服务的服务时间及开放时间较为满意。

特殊服务。特殊服务主要是场馆针对残疾人、老年人等群体提供的服务，保障这些群体能够较方便地获取公共数字文化服务。被调查者中47.5%的受访者表示有注意到服务机构为弱势群体提供特殊服务。

免费开放。公共文化和旅游公共服务机构提供部分资源免费获取和利用，是其职能的根本要求。免费开放的调查内容主要包含是否能免费获得公共文化和旅游公共数字化服务以及是否能够接受获取服务所花费的金钱成本。调查结果显示，仅47.5%的被调查者免费获取了部分公共文化和旅游公共数字化资源。愿意接受获取服务所花费的金钱成本的民众占比为46.5%，接受度一般的占比为35.6%，不愿意接受的占比为17.9%。说明超八成的调查者愿意为获取公共文化和旅游公共数字化服务付出金钱成本。

（3）可获得性

可获得性主要涉及数字设施设备、文化和旅游数字服务平台、文化和旅游数字资源和人才配套四方面内容。扩大优质资源供给和增加资源是实现可获得性最常见的两种方法。

数字设施设备。数字设施设备主要包含是否经常使用场所的数字化设备、场所数字化设备的配备数量能否满足使用需求和场所数字化设备的质量是否能满足使用需求。公共文化设施群众的需求是随着社会发展、时代的变迁而变化的，公共文化设施首先是量的需求。公共文化设施量的内涵包括两个方面：不同种类公共文化设施的全覆盖和每种文化设施的人群全覆盖。公共文化设施种类繁多，如博物馆、音乐厅、美术馆、展览馆、剧院、电影院、文化城、书城、文化馆、公共图书馆、文化艺术中心、文化体育广场、体育馆、游泳健身中心、公园、社区文化宫、社区阅览室、综合文化站、广播电视站、村落文化宫、农家书屋等。从调查结果看，有48.5%的受访者能经常使用场所的数字化设备，51.5%的认为不可以，二者相差了3个百分点。对于场所数字化设备的配备数量选项中，48.5%的被访问者感到满足，感受一般的为41.6%，感到不满意的为9.9%。对于场所数字化设备的质量选项中，有46.5%的公众感到满意，感受一般的为43.6%，不满意的为9.9%。公众对公共文化和旅游公共数字化设备的使用频率、数量和质量满意度较为一致。公共文化和旅游公共服务设施的建设最基本的是满足群众的需求，种类和数量需要不断满足广大民众的基本需求。数据显示，当前不需要大量新建、扩建公共文化设施，现有存量已满足公众的“可及”要求。

文化和旅游数字服务平台。主要调查服务平台的线上功能能否满足公众需求。被调查者中，有12.9%认为平台线上功能感到非常满足，46.5%的调查者对于线上功能比较满意，认为一般的为33.7%，感到不太满意的占比仅为6.9%。表明约六成的被调查者认为平台线上服务功能完备，对公共文化和旅游公共服务数字平台的满意度较高。

文化和旅游数字资源。数字文化和旅游资源方面主要调查其数量、种类、质量能否满足公众需求。对于公共文化和旅游公共资源的数量感到满意的占比为50.5%，种类满意的占比为53.5%，质量满意的占比为62.4%。不满意的占比分别为11.9%、9.9%和7.0%。一般满意的占比分别为37.6%、36.6%和30.6%。总体来看，调查者对于文化和旅游数字资源的质量较数量和种类，更为满意。当前公众认为公共文化和旅游公共数字化的数字资源品目较为完备。

人才配套。人才配套方面主要调查公众对于提供公共文化和旅游公共服务的人员服务是否满意。感到非常满意的占比为12.9%，比较满意的为49.4%，感到一般的为31.7%，不满意的仅为6.0%。说明当前公众对于服务机构的数字化人才配套较为满意。超六成的被调查者对于机构的人员服务感到满意。

（4）可接受性

可接受性是测度可及性的重要因素，主要包含利用便捷度和内容贴合度两方面，来聚焦公共文化和旅游公共数字化服务的用户心理层面。

利用便捷度。利用便捷度可测度公众利用服务时的体验感和接受度。对于获取公共文化和旅游公共数字化服务的操作流程中，感到满意的占比为 46.5%，一般的占比为 45.5%，不满意的为 8.0%。

内容贴合度。内容贴合度是被调查服务机构提供的公共文化和旅游数字化服务是否能满足使用者需求。调查显示，感觉内容贴切的占比为 54.5%，感到一般的为 38.6%，不太贴切的占比为 6.9%。说明调查者对于当前文化和旅游数字化服务内容贴合度比较满意。

（5）可适应性

可适应性指的是服务机构提供的公共文化和旅游公共服务数字化服务和公众需求保持动态适应、相符合的关系，即供需互动情况，强调服务机构要尽可能满足不同层次的受众需求。数据开放与治理、完善以公众参与为核心的监督机制是提供公共文化和旅游公共数字化服务可适应性的主要路径。

参与过服务机构组织的群众满意度相关评价的受访者占比为 33.7%，其中需求得到反馈的较为满意的为 67.6%，一般的为 23.5%，不满意的为 8.9%。目前服务机构在主动开展相关调查并及时回应需求反馈方面仍有进步空间。

（五）对策建议

（1）构建线上新媒体传播矩阵，提高公共文化和旅游公共数字化服务的可知晓性。文化和旅游公共服务智慧化发展，要借力群众喜爱的社交媒体，扩大覆盖面和影响力。2020 年，突如其来的新冠感染疫情使得文化和旅游产业按下“暂停键”，人们对于文化和旅游更加强烈的需求通过线上得以满足。在疫情防控期间，公众的文化和旅游享有方式发生了重要变化，催生出了“线下关门，线上开花”的独特景观，“云上观展、云上游览”成为新的休闲方式。社交媒体扩大覆盖面首先要迎合社交媒体中用户需求，使其更加符合线上观看的习惯和规律，在视频内容和服务方式上进行改变。当下，社交媒体中的短视频正好贴合了公众的碎片时间增多的趋势，文化和旅游公共服务资源理应“变身”，发布能够满足用户“短平快”需求的内容。其次，不断加强与专业化媒体企业合作，创新表现形式。文化和旅游公共服务的发展，不仅需要政府的投入，也需要更多对文旅事业发展关注与支持的优质“文旅合伙人”，尝试加强与知名文化和旅游平台合作，建设报、网、端、微等多媒体传播矩阵。利用微信、微博等新媒体开展线上宣传活动，推动“互联网 + 文化 + 旅游”深度融合，围绕公共文化和旅游公共服务等重点工作，组织举办形式多样的特色活动。最后，借助社交点评软件进行口碑营销。目前在餐饮、旅游、娱乐、公共文化服务场所等服务资源的选择上，网友推荐的影响力很多时候超过官方推广。因此，公共文化和旅游公共数字化服务的可知晓性要充分借助社交点评软件，进行口碑营销，将丰富的、优质的文化和旅游公共服务资源和服务传递给更多用户，提升覆盖面和影响力。

（2）扩大数字化服务范围，提振公共文化和旅游公共数字化服务可接近性。建设全方位、全覆盖、多层次的公共服务供给体系是发展公共文化和旅游公共服务的基础。公共文化和旅游公共数字化设施首先是量的需求。大数据、云为核心的智能技术，深刻影响着新型资源建设、资源传播、服务设施和服务新业态的形成，也给公共文化和旅游公共服务带来了新形式。目前我国正逐步形成以云服务平台和大数据平台为核心，国家、省、市、县公共文化和旅游公共服务互联互通网络的四级管理模式。与此同时，增加公共文化和旅游公共数字化服务供给也依赖于国家的宏观调控，统筹资源、政策、服务、管理各要素的保障力量，形成全方位、全覆盖、多层次的供给体系与供给机制。实际中，现有公共设施由于投入资金不足，在开放范围、开放主体和保障机制上有很大改进空间。要进一步积极推进机构、组织和人员的深度融合，优化各单位的职能配置、机构设置、人员安排，进一步提升文化和旅游领域的治理体系和治理能力。通过轮岗、交流、培训等手段，打通干部和人才使用通道，促进文化系统和旅游领域机构和人员的双向融合。推动学科设置、课程体系、师资力量等的系统突破，加大文化和旅游复合型人才培养力度，加强新型专门人才培育，夯实文化和旅游深度融合发展的人才队伍。

（3）高质量盘活服务资源，加大公共文化和旅游公共数字化服务可获得性。目前阶段，要处理好公共文化和旅游公共数字化服务存量与增量的关系，切实提高数字化服务质量。在供给层次上，不仅注重基本公共文化和旅游公共数字化服务的数量供给，更要注重提升高质量服务的效能与效率，全方位满足群众文化方面的需求。当前社会文化活动热点变化非常迅速，公共文化和旅游公共数字化服务设施要紧跟时代发展需求，不断完善文化和旅游产业链，更新公共文化和旅游公共服务。构建群众文化和旅游需求汲取的反馈机制，不断提升服务效能。人民群众的多元需求是将多元文化产品形成深层次、全方位、多角度、宽领域、全覆盖的依据，是高质量发展的基础。同时，拓展服务内容，创新服务形式，提升服务品质，让服务焕发生机、赋能群众，加强服务品牌建设，线上线下服务、创新工作手段以及拓展服务形式，让公共文化和旅游公共数字化服务简易、便利亲民、可及。创新高质量、高品质、高效能的公共文化和旅游公共数字化服务模式以多元主体共治为保障，以技术创新、数据创新为驱动，丰富优质的服务活动，实现公共文化服务的高质量发展。

（4）优化需求识别机制体系，增强公共文化和旅游公共数字化服务可接受性。精准识别需求是公共文化和旅游公共服务"精准供给"的基础。利用数字化需求预测技术优化需求识别机制体系，能更加精准地引导公共文化和旅游公共服务的供给。要积极推进数字化改革，利用大数据这一关键利器，通过整合集成、关联分析和深度挖掘，深度剖析不同地域、年龄、性别用户的消费偏好，为消费者刻画立体画像，精准对接文旅消费供给侧和需求端奠定坚实基础。围绕"服务前、服务中和服务后"全链路的场景，在预订、消费、评论等数据整合基础上，叠加多部门的业务数据，实现对服务对象搜索、预订、轨迹、消费以及评价等数据的动态监测。进一步增加公共文化设施的游客数据统计功能。相较于旅游行业基于市场化的研究，公共文化服务领域亟须加强观众研究。在文化和旅游融合背景下，为了更好地提供"主客共享"的文化和旅游公共服务，分析本地居民和游客进入文化和旅游场景和参与文化和旅游活动的异同点，并据此实现平台基于地理位置的个性化文化和旅游公共服务推送，更好地推动公共文化和旅游公共服务的融合发展。公共文化设施群众的需求是随着社会发展、时代的变迁而变化的，公共文化设施的建设，除了满足普通市民需求，也要满足特殊群体的文化需求，满足个性化的文化需求。探索建立城乡群众文化需求表达、评价和反馈机制。设立能满足特殊群体文化需求的基本公共文化和旅游公共服务项目，使农民工、老年人、未成年人、残疾人等享受到同等水平的基本公共服务。不断完善文化和旅游领域综合指标，对于全面了解和评价文化和旅游公共服务融合，以及助力文化和旅游高质量发展至关重要。

（5）坚持适度适用原则，提升公共文化和旅游公共数字化服务的可适应性。党的十九届四中全会明确提出"让广大人民群众享有公平可及的公共服务"，公共文化和旅游公共服务作为基本公共服务的重要内容，增强其可及性已成为完善公共文化和旅游公共服务体系的重要抓手。数据开放与治理、完善以公众参与为核心的监督机制是提供公共文化和旅游公共数字化服务可适应性的主要路径。以大数据、移动互联网、人工智能为代表的新一代信息技术引发一系列传播方式与社会的变革，为增强公共文化和旅游公共服务可及性提供了重要手段。公共文化和旅游公共数字化平台建设要先解决核心问题，有重点分步骤地持续推进，进而实现带动作用。切忌一窝蜂地上项目、赶进度。以实际应用为导向是建设公共服务平台的根本，坚持"适用性"即不以技术是否是最先进的，是否国内首创，是否有多少个创新应用点为衡量建设标准，解决产业存在问题的能力才是唯一标准。同时政府主导的平台建设要突出其公共属性和技术示范作用。建设内容上，要强调市场观念和效率思维，急用先建、经济适用，重点支持数字博物馆、数字美术馆、数字景区、数字民宿项目，构建产业升级的数字化基础。加强软硬件建设与升级，其中硬件方面主要包括信息采集设备、数据处理服务器和指挥中心设备的性能提升。数字化平台建设必须结合当地的人才和技术支撑、游客群体特征、旅游产品类型、营商环境诸要素循序渐进，过度超前只会增加失败的风险。平台建设着重提升运营主体的专业能力和治理模式的现代化水平。同时不断优化运营主体的现代化治理，科学制定包括资金使用、绩效考核、股权激励等在内的规章制度，杜绝当前普遍存在的短期项目思想。此外，还要从法律法规层面构建数字伦理，要对公众隐私、知识产权和商业秘密进行保护。深度挖掘数据价值。推动数据由数字文化和智慧旅游的附属产品向核心资源转变，建立数据谁生产，谁挖掘分析，谁受益的制度体系，全方位解决开放型社会化产业数据融合和利用问题。

三、学术价值、应用价值及社会影响和效益

本课题较为全面地建立了文化和旅游融合体系下的关于公共文化和旅游公共数字化服务的一个可及性指标体系，为目前文旅融合下的公共服务可及性的测度、制定提升策略等提供参考。